나는 건물 없이 월 2,000만 원 번다

나는 건물 없이 월 2,000만 원 번다

이혜정 지음

매일경제신문사

나는 죽을 만큼 돈이 벌고 싶었다

안녕하세요. 네트워커로 활동하고 있는 이혜정입니다. 많은 사람들이 저에게 묻습니다.

"정말 7급 공무원보다 네트워커의 삶이 좋으세요?"

제 대답은 한치의 망설임 없이 "YES"입니다. 저는 네트워크 마케팅 사업을 통해 '평범한 사람도 부자가 될 수 있다'는 말을 믿었고, 지난 몇 년간의 제 경험을 통해 그 말이 사실임을 확신하고 있습니다. 저는 아무런 지식 없이 혼자 이 사업을 시작해 3년 만에 최고 직급자가 되었으며, 현재 과거 수입의 10배가 넘는 수익을 얻고 있습니다. 또한 매월 소득을 재투자해 추가 수익을 올리고 있으며, 노후대책도 병행하고 있습니다. 진정한 시간적·경제적 자유를 이루는 것이 저의 최종 목표입니다.

아무것도 모르고 처음 네트워크 마케팅 사업을 시작했을 때, 먼저 시작한 사람들이나 특별한 사람들만 돈을 벌 수 있다고 생각했습니다. 실제로 이 말은 일부는 맞고, 일부는 틀립니다. 어떤 회사와 어떤 팀과 함께하느냐에 따라 성공하기도, 실패하기도 합니다. 중요한 것은 누구나 쉽게 시작할 수 있는지, 따라만 하면 성공할 수 있는 시스템이 있는지, 그대로 따라 한다면 안정적인 수익 창출이 가능한지, 그리고 이 시스템으로 성공한 롤모델이 있는지를 꼭 확인하셔야 합니다.

저는 교육학 전공자로서 누구나 쉽게 따라 할 수 있는 시스템을 만들고 싶었습니다. 초등학교 수업 경험을 통해 재미있는 활동이 성과도 크다는 사실을 깨달았습니다. 네트워크 마케팅 사업 역시 '재미있게 일하면서 돈을 벌 수는 없을까?'를 끊임없이 연구 중입니다. 그 결과, 가볍고 쉽게 따라 할 수 있는 데일리 시스템을 구축하고, 실행하는 법을 터득했습니다. 이론으로 끝나는 교육이 아닌 다양한 아이디어로 팀들과 함께 프로젝트를 만들어 진행하면서 바로 수익화되는 모델을 만들었습니다.

천천히 부자가 되는 것이 아니라 빠르게 부자가 되어 '영 앤 리치'로 살아가는 것이 저의 목표입니다. 더 이상 노동과 돈을 바꾸는 삶이 아닌 다른 사람의 시간을 사는 사람이 됨으로써 하루 24시간을 48시간으로 늘려 제가 하고 싶은 일만 하며 행복한 시간들을 더 많이 누리고 싶습니다.

저는 안정적인 삶보다 도전하며 가슴 떨리는 삶을 선택했습니다. 평범한 직장인이었던 제가 1년 만에 세 권의 저서를 쓰고, 월 2,000만 원의 수입을 얻는 고액 연봉자가 되었으며 리더를 키우는 리더가 되었습니다.

그리고 현재는 작가활동과 SNS를 통해 네트워크 마케팅 사업을 바라보는 시각을 바꿔나가고 있습니다. 제가 독자 여러분에게 바라는 것도 이것입니다.

"자신을 바라보는 방식을 바꾸시길 바랍니다."

제가 만나는 대부분의 평범한 사람들은 늘 '내가 할 수 있을까'에 대해 의심합니다. 하지만 저는 확신합니다.

당신은 충분히 사랑스럽고, 존재만으로 고귀하며, 당신이 바라는 가장 멋지고 환상적인 삶을 살아갈 것입니다. 이 책이 매월 2,000만 원을 버는 그림을 그려보는 시작점이 되면 좋겠습니다.

마지막으로 용기를 가지고 세 번째 저서를 쓸 수 있도록 이끌어주신 '한국책쓰기강사양성협회' 김태광 대표코치님과 권동희 대표님께 감사

인사드립니다. 마흔이 다 되어가는 딸에게 하루에 한 번씩 전화해주시는 든든한 부모님, 감사드립니다.

제가 이 사업을 포기하고 싶을 때마다 늘 바른 길을 찾아서 안내해주신 주식회사 카리스 박우섭 대표님과 책을 쓰면서 일도 뒤처지지 않게 병행할 수 있도록 늘 엄마처럼 도움을 주시는 뉴에라그룹 백수환 상무님께도 깊은 존경을 표합니다. 제가 행복하게 일할 수 있도록 밑거름이 되어준 팀들께도 감사의 마음을 전합니다. 모두모두 사랑합니다.

이혜정

C O N T E N T S

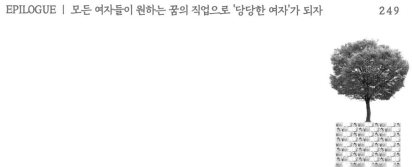

놓치고 싶지 않은 나의 꿈, 나의 인생

가슴 두근거리는 일을 하며 살 수는 없을까?

나는 어릴 적부터 진로 선택에 있어 항상 고민해오던 것이 있다. 결론부터 말하자면 지금에 와서야 그 해답을 찾았다! 아마 나처럼 어떤 특정 분야에 뛰어난 재능은 없지만, 그렇다고 이것저것 못하지도 않는 애매한 사람들은 공감할 것이다. '흥미'를 찾아 전공을 선택해야 할까? 아니면 '적성'을 찾아 전공을 선택해야 할까? 나의 흥미는 영화를 보고, 음악을 듣고, 책을 읽는 것이었다. 하지만 예체능 분야에는 영 재능이 없었다. 사람들과 이야기하거나 컴퓨터로 일하는 것은 힘들지 않게 잘해냈지만 평생 그 일을 업으로 하며 살고 싶지는 않았다. 진로가 고민이 되어 주변 어른들에게 상담을 하면 모두 의사, 변호사, 선생님이 좋은 직업이라고 말해주었지만 나는 그 직업을 선택할 수 있을 만큼 공부를 잘하지는 못했다.

결국 그 시절에는 내 질문에 대한 해답을 찾지 못했다. 성적에 맞춰 지방대 경영학과에 진학하고, 취업하기 위해 필요하다는 것들을 해내기 위해 부단히 애썼다. 토익 점수 높이기, 영어 회화 공부하기, 각종 금융 자격증 따기, 면접 준비하기 등 … 대학에 가면 놀 수 있다는 어른들의 말씀은 전부 거짓이었다. 나는 단순히 외국에서 일하고 싶다는 생각으로 외국 금융기관에 취업하기 위해 외국어를 배우기 시작했다. 그러다 캐나다 유학길에 오르게 되었고 다녀온 뒤 우연한 기회에 영어 강사를 하게 되었다.

처음에는 아이들을 가르치는 것이 재미있었다. 하지만 5년이 지나자 반복되는 일상에 하루하루가 무료해져갔다. 매일 반복되는 업무에 내가 무엇을 하고 싶은지, 내가 어떤 사람인지 생각할 겨를도 없이 내 인생에서 '나'란 존재는 점점 사라져갔다. 정신을 차려보니 동료 교사들이 원하는 착한 이미지에 갇혀 내 업무가 아닌데도 모든 부탁을 거절하지 못하고 내 시간을 버리며 살고 있었다.

왜 해야 하는지도 모르는 업무들을 붙들고 컴퓨터에 정보들을 입력하느라 밤을 지새우는 날들이 늘어났다. 추가 업무에 따른 보상이나 인정도 없었다. 그렇게 점점 호구처럼 살면서 나의 심장이 썩어가기 시작했다. 지금 생각해보면 과거의 그런 내가 있었기에 그때보다 성장한 지금의 나도 있는 것이 아닐까?

아마 나처럼 진로 선택을 잘못했지만 빠져 나오기에는 너무 멀리 와버린 사람들이 많을 것이다. 그렇다면 도대체 진로 선택을 할 때 '흥미'

를 선택해야 할까? 아니면 '적성'을 선택해야 할까?

많은 고민 끝에 내가 찾은 해답은 바로 이것이다.

'세상이 원하는 것을 선택하라.'

아무리 내가 흥미가 있고 나의 적성을 잘 살려 일을 한다고 해도 세상이 원하지 않으면 '돈'을 벌 수 없다. 돈벌이가 되지 않으면, 결국 내가 좋아하는 일도 할 수 없다.

내 친구 P는 연기하는 것이 좋아서 15년째 연기공부를 하며 유명해지기만을 기다리고 있다. 물론 연기력을 인정받아 크게 인기를 얻을 수도 있을 것이다. 하지만 그 친구의 가족과 아이는 궁핍한 생활을 하며 치킨 한 마리도 제대로 시켜 먹지 못하는 삶을 살아가고 있다. 그가 만약 자신이 좋아하는 연기와 관련된 학원을 차려 사업을 시작하거나 무자본 창업을 할 수 있는 1인 기업가로 유튜브나 블로그를 활용해 연기지도를 했다면 어땠을까? 아마 지금보다는 나은 경제적 자립을 할 수 있었을 것이며, 자신이 좋아하는 일을 하면서 충분히 돈도 벌 수 있었을 것이다. 그리고 경제적으로 튼튼하게 기반을 다진 뒤에 자신이 원하는 연기도 마음껏 할 수 있는 기회를 만들 수도 있다. 가슴이 두근거리는 삶도 좋지만 경제력 역시 빼놓을 수 없는 중요한 고려 대상임을 잊지 말아야 한다.

예전에 SNS에서 어떤 사진 한 장을 본적이 있다. 젊은 여학생이 대중들을 향해 울면서 소리치고 있는 사진이었다.

"오늘 원하는 걸 다 하세요!"

사연을 들어보니 그 여학생은 어제 동생과 신발 때문에 크게 다퉜다고 했다. 새로 사서 주말에 신으려고 아껴둔 신발을 동생이 신고 나가버려서였다. 그런데 그 운동화를 신고 나간 동생이 다시는 돌아오지 못했다. 공사장 근처 길을 지나던 중 사고를 당해 하늘나라로 간 것이었다. 그 사고 후, 언니는 결심했다고 한다. 오늘 하루를 내가 하고 싶은 것을 하고, 먹고 싶은 것을 마음껏 먹으며 살겠다고 말이다.

항상 내가 진짜 해보고 싶은 일들은 '다음에, 다음에'라고 미뤄두었던 내 삶에 충격을 주는 한 장의 사진이었다. 나는 매일 기계처럼 반복되는 일이 아닌 부유하고 풍요로운 내 꿈을 위해서 시간을 보낼 수 있는 그런 일을 할 수 있다면 얼마나 좋을까 하는 생각이 들었다. 어쩌면 나도 성공한 사람들처럼 '일하는 것 자체가 즐거운' 그런 일을 만날 수 있지 않을까?

그래서 나는 일단 내가 무엇을 좋아하고 무엇을 싫어하는지 적어보기로 했다. 종이에 적어보니 '나'라는 사람이 더욱 명확해졌다. 이제 이걸로 '어떻게 돈을 벌 수 있을까?'를 생각해볼 차례다. 일단 나는 반복되는 일을 싫어하고, 출근을 싫어하기 때문에 조직이나 회사와는 맞지 않았다. 그리고 직장생활을 할 때는 동료와 이야기도 제대로 못 하고, 간식도 함께 먹을 수 없는 것이 너무 슬펐다. '함께 간식도 먹고 이야기도 하면서 업무처리를 할 수 있다면 직장생활이 얼마나 행복할까?'라는 생가을 하기도 했다. 어떤 사람들은 회사에 왔으면 일이나 할 것이지 정신나간 소리를 한다고 반박할 것이다. 하지만 나는 자유로운 분위기 속에서 업무 능률을 올릴 수 있는 일이 분명 있을 것이라고 생각했다.

엠제이 드마코(MJ DeMarco)의 《부의 추월차선》에서는 "만약 지금 가진 것에 만족하면 하던 일이나 계속해라"라고 말한다. 나는 이 한 문장에 머리를 얻어맞은 것 같은 충격을 받았다. 만약 당신이 지금 부자가 아니라면 현재 하고 있는 일을 모두 멈춰야 한다는 것이다. 과거의 방법이 우리를 성공시켜주지 못했다면 그동안 알고 있던 모든 생각을 버리고 새로운 방법으로 시도해보아야 한다. 사람들은 지금 하고 있는 것을 멈추고 무언가를 시도하면 자신이 가지고 있는 것을 잃는다고 생각하지만, 그것은 착각이다. 당신이 부자가 되지 않는 그 일을 지속하는 동안에 부자가 될 수 있는 가장 큰 기회를 잃고 있을지도 모른다.

지금 누리고 있는 모든 것들은 우리가 언젠가 생각했던 것들이다. 앞으로 다가올 모든 것들도 지금 우리가 생각하고 상상하는 것에서부터 시작된다. 내가 진정 원하는 것이 무엇인지 생각하고, 종이에 적어보고, 소리내서 말해보고, 시각화를 시켜서 자꾸만 떠올려야 한다. 돈, 건강, 그리고 행복, 이 모든 것들을 성취하기 위해서는 특별한 기술이 필요하지 않다. 이미 가지고 있는 능력을 찾아내서 발견하기만 하면 되는 것이다. 내가 상상하고 생각했던 모든 것들이 눈앞의 사실로 바뀐다면 얼마나 행복한 일인가!

'한국책쓰기강사양성협회' 김태광 대표코치님은 이렇게 말씀하셨다. "당신이 300km를 달릴 수 있는 슈퍼카일지라도 당신 자신이 슈퍼카라고 인지하지 못하면 여전히 80km로 밖에 달리지 못할 것이다. 만약 당신이 진정으로 지금 인생을 바꿔보고 싶다면 겁먹지 말고 달려보길 바란다." 우리는 모두 무한한 가능성을 지닌 존재들이다. 그 가능성을 현실로 만들기 위해 우리의 생각과 상상을 멋지게 디자인해보자. 소중한 시간을 재미없는 것들을 하며 놓쳐버리기에는 너무나 아까운 내 인생이기 때문이다.

어떤 인생을 살 것인지 스스로 선택하라

매일 아침 7시, 특별한 날이 아니면 나는 모자를 뒤집어쓰고 집 앞에 있는 스타벅스로 출근한다. 스타벅스만 아침 7시부터 문을 열기 때문이다. 처음에는 '스타벅스 명상'을 하는 사람들을 보며 '집에서 커피를 마시면 되지 왜 굳이 돈을 쓰면서 스타벅스에 갈까?'라고 의문을 품었던 적이 있다. 그런데 우연히 부자들은 스타벅스에서 아침을 시작한다는 사실을 알게 되었다. '스타벅스에서의 한 시간이 도대체 뭐길래?'라는 호기심으로 나도 시작해보기로 했다.

지금 살고 있는 집 주변에는 어마어마하게 많은 커피숍들이 있지만 나는 특히 스타벅스가 좋다. 캐나다 유학 시절에는 길을 걸으며 스타벅스 일회용 컵을 들고 다니는 것이 로망이기까지 했다. 그때 당시만 해도 스타벅스는 비싼 커피숍 중 하나였는데, 요즘은 다른 커피숍들도 가격이 많이 인상돼 스타벅스의 가격이 꽤 합리적으로 느껴진다.

스타벅스가 좋은 이유는 분위기가 꽤 편안하기 때문이다. 오래 있어도 무엇을 해도 불편한 느낌을 주지 않는다. 직원들도 스타벅스를 찾는 사람들도 모두 각자의 일만 열심히 할 뿐이다. 조용하지도 않고, 시끄럽지도 않은 분위기를 주는 스타벅스의 플레이리스트는 대화를 하는 데도 일을 하는 데도 거슬리지 않는다. 집에서 1분 거리에 스타벅스가 있는 게 얼마나 감사한지 모른다. 스타벅스에서 나는 사람들도 만나고, 글도 쓴다. 스타벅스가 나에게 돈을 벌 수 있게 해주는 셈이다. 가끔 옆자리에서 이야기하는 사람들의 주제에 귀를 기울이기도 하고, 그들의 이야기가 좋은 글의 소재가 되기도 한다. 어떤 사람은 독립한 자녀를 걱정하며 전기와 물을 아껴쓰라고 하고, 어린아이의 엄마는 아이에게 케이크를 떠먹여주며 아이에게 케이크 먹는 법을 가르쳐준다.

이제 커피숍은 더 이상 커피만 마시는 곳이 아니다. 이곳에서 추억을 쌓고, 문화를 만들고, 일을 하고, 수익을 창출해낸다. 스타벅스를 소유한 사람이 주인이 아니라 이곳에서 누리는 사람이 진정한 주인이 되는 것이다. 나는 더 이상 사무실로 출근하지 않는다. 퇴사를 하고 네트워크 마케터로 전향하면서 전국, 아니 세계 어느 나라의 스타벅스에 가서도 일할 수 있는 공간적 자유를 누리고 있다. 나는 스타벅스를 누구보다 제대로 누리고 있는 사람 중 한 사람이다. 스타벅스에서 많은 아이디어를 돈이 되는 결과물로 바꾸고 있다. 사무실에서는 도무지 나오지 않던 아이디어들도 커피 한잔을 마시면서 즐겁게 일하면 시간 가는 줄 모르고 어느새 몇 시간이 훌쩍 지나 있는 것을 느낀다.

나는 많은 사람들이 나와 같은 기분을 느꼈으면 좋겠다. 성공한 사람들은 꽤 단순하다. 복잡하게 여러 가지를 생각하지 않고 일단 '시작'한 뒤 나머지 일어날 수 있는 문제들을 해결한다. 이 글을 읽는 당신도 일단 시작하면 된다. 필요한 것은 아무것도 없고 어차피 잃을 것도 없다. 아침 커피 한잔의 명상으로 내가 어떤 삶을 꿈꿨는지, 최근 일주일간 무엇을 할 때 가장 행복했는지 적어보는 것만으로 인생이 달라질 수 있다.

성공할 수 있는 비법을 다 알려줘도 많은 사람들은 실행에 옮기지 않는다. 나 역시 그랬다. 그리고 다른 특별한 비법이 있을 것이라고 생각하고 계속 찾아 헤맸다. 나는 직업 특성상 많은 성공자들을 만난다. 처음에는 그들의 비법을 알아내기 위해 몰래 관찰을 하기 시작했다. 몇 달간의 관찰 결과 그들의 성공 비법은 그냥 나보다 몇 배로 열심히 하는 것이라는 사실을 깨달았다.

성공에 대해서도 부자는 쉽다고 생각하고, 가난한 이들은 어렵다고 생각한다. 네트워크 마케팅 사업에 대한 생각도 두 갈래로 갈린다. 전자는 기회라고 생각하고 후자는 피해라고 생각한다. 나도 과거에는 네트워크 마케팅 사업에 대해 누구보다 부정적인 생각을 가지고 있던 사람 중 한 명이었다. 하지만 제대로 알아보고 난 뒤 나의 인식은 바뀌기 시작했고, 이제 더 이상 피고용인의 삶을 살지 않아도 된다.

내가 내 일의 주인이고 내 스케줄을 결정하며 다음 달 내 월급을 결정한다. 현재 나는 과거 직장인이었던 때보다 10배가 넘는 월급을 받는다. 직장을 다닐 때 투잡으로 네트워크 마케팅을 시작했을 때만 해도

'월급만큼 벌지 못하면 어떡하지'라는 걱정이 앞섰다. 하지만 지금, 나는 그보다 훨씬 많은 것을 해낼 수 있는 사람이라는 사실을 깨닫게 되었고, 훨씬 많은 보상을 받을 자격이 있는 사람이라는 것도 알게 되었다.

7급 공무원 시절 나는 엄청나게 많은 업무량에 시달려야 했다. 대부분이 난이도는 낮으나 시간이 많이 걸리고 복잡한 서류작업이었다. 매번 제출해야 하는 주간업무보고, 월간업무보고를 기본으로 업무 실적은 따로 올리고 보고서도 작성해야 했다. 출장을 다녀오면 여비도 정산해야 했기 때문에 혼자서 팀 업무를 모두 담당했다.

업무량은 내가 훨씬 많은데 옆에 앉아 계신 근속 연수 30년 차 계장님은 하루 종일 인터넷 기사만 보고 계셨다. 나는 의문이 들었다. 더 많은 월급을 주는 시스템에 화가 났다. 그들에게도 배정된 업무는 있지만 대부분 속도가 느리고 업무 능력이 떨어진다는 이유로 그 업무는 고스란히 나에게 넘어오기 일쑤였다. 나는 아무리 열심히 해도 무능한 상사의 월급을 따라잡을 수 없다는 사실에 더 이상 공무원이라는 직업에 매력을 느끼지 못했다.

나는 아이디어가 많은 사람이었다. 일을 조금 더 효율적으로 하기 위해 아이디어를 내면 고스란히 그 일은 내 일이 되어버렸다. 왜 공무원들이 날짜만 바꾸어 업무 처리를 할 수밖에 없는지 이해가 되었다. 물론 모든 공무원들을 비하하는 것은 아니다. 보수적인 시스템이나 조직이 나와는 맞지 않았다.

긴 고민 끝에 나는 내 인생을 스스로 변화시키기로 했다. '위기'를 어떻게 헤쳐 나갈까 생각하던 중 '위기가 곧 기회'라는 단순한 명언이 머릿속을 스쳐갔다. 내가 하기 싫은 공무원을 하면서 보내는 시간이 곧 내 꿈을 위해 준비하는 시간을 빼앗아버린다는 사실을 깨닫게 되었다. 즉, 기회비용이 발생하는 것이다. 나는 당장 내기 어떤 삶을 살고 싶은지 써 내려가기 시작했다.

첫째, 자유로운 삶을 원한다. 나는 어디에도 구속되지 않고 누구의 명령도 받지 않으며 자유롭게 살고 싶다. 누구나 동등한 대우를 받으며 노력하는 만큼 성취하는 공정한 시스템을 꿈꾼다.

둘째, 내가 원하는 시간에 일하고 싶다. 나는 야행성이다. 업무 능률이 아침보다 밤에 더 높다. 매일 아침 울면서 출근하는 것이 너무 힘들어서 출퇴근이 자유로운 곳에서 일하고 싶다.

셋째, 내가 노력하고 성장하는 만큼 결과로 보상받고 싶다. 단순히 오래 일해서, 먼저 입사해서가 아닌 더 많은 시간을 결과를 내는 데 투자하고, 성과를 올렸다면 거기에 상응하는 보상을 받고 싶다.

넷째, 수익이 무한대였으면 좋겠다. 아무리 많이 벌어도 돈은 부족하기 마련이다. 지출보다 수입이 많아 더 이상 일하지 않고, 하고 싶은 것만 하며 살 수 있는 경제적 자유를 꿈꾼다.

이렇게 써내려가다 보니 내가 어떤 라이프 스타일을 가졌는지, 내가 어떤 환경을 좋아하는지 명확하게 보였다. 다른 사람들의 시선과 사회적 지위만 생각하지 않는다면 네트워크 마케팅 사업이 내 천직이었다. 모든 일은 '혹시?' 하는 데서 일어난다. 퇴사를 마음에 품게 된 그 순간 오래전에 함께 근무했던 교감선생님께 전화가 왔다. 계약직 교사 자리가 났는데 선생님이 꼭 와주셨으면 좋겠다는 연락이었다. 교육대학원을 졸업하고 영어교사 자격이 있던 나는 계약직 교사를 해서 200만 원 정도는 벌 수 있었다.

처음에는 공무원을 그만둘 용기가 나지 않았다. 하지만 기회는 자주 찾아오지 않는다는 것을 알기에 덥석 그 손을 잡아버렸다. 학교에는 7월 1일에 출근한다고 이야기해두고 모든 직장인의 꿈인 사직서를 가슴에 품고 다녔다. 그리고 한 달 뒤 나는 멋지게 공무원연금을 탈퇴하고, 국민연금에 가입했다.

그리고 업무를 마친 뒤 틈틈이 시간 투자를 하며 돈 공부를 시작했다. 이때 네트워크 마케팅 사업 관련 책들도 많이 읽고, 투자 공부도 했다. 이렇듯 모든 일은 아주 작은 느낌에서 시작한다. 일단 시작하면 그 일을 해결할 수 있는 방법들이 연결 또 연결되며 나비효과가 일어난다. 그러니 처음부터 고민하고 걱정하는 대신 일단 부딪쳐서 시작해본다면 생각보다 별일 아니라는 생각에 깜짝 놀라게 될 것이다. 혹시 조금 돌아가더라도 걱정하지 않아도 된다. 나처럼 예상치 못한 엄청난 기회가 당신의 눈앞에 기다리고 있을 것이다.

나만의 드림보드를 만들어라

나는 어렸을 때 되고 싶은 것이 참 많았다. 드라마에 나오는 주인공은 모두 멋져 보였다. 그 당시에는 유행하는 드라마 주인공의 직업이 모든 아이들의 선망의 대상이었다. 특히 여자들에게 인기가 많은 직업은 스튜어디스, 아나운서 그리고 패션 디자이너였다. 모두 멋지게 자신의 꿈을 이룬 여성들의 이야기를 다룬 드라마였다.

"꿈!"

어른들은 나에게 늘 꿈이 뭐냐고 물어보셨다. 하고 싶은 건 많았지만 '할 수 있을까?' 하는 두려움과 걱정이 앞서 선뜻 입 밖으로 내뱉지 못했다. 나는 그냥 되는 대로 평범하게 살던 아이였다. 그런데 네트워크 마케팅 사업을 하면서 〈인간극장〉과 같은 TV프로그램에서나 보던 인생역전을 하신 분들을 실제로 많이 만나게 되었다. 짧은 시간에 개인의 노력으로 엄청나게 많은 돈을 벌고, 일반 직장인 월급으로는 갚을 수 없는 많은 빚을 청산하고 현재는 부자의 삶을 누리고 계신 분들을 많이 만났다.

처음엔 나도 의심의 눈초리로 그들을 바라보았다. '겉으로만 돈이 많은 척을 하는 것은 아닐까?', '분명 뒤에서는 동동거리며 힘겹게 살아가고 있을 거야'라는 눈초리로 바라보았다. 그들은 나에게 부자되는 법을 모두 이야기해주었지만 그동안 내가 겪어보지 못한 삶이었기 때문에 의심하고 경계했다. 하지만 시간을 속일 수는 없는 법이다. 오랜 시간 함께 지내보니 그들의 성장과 풍요가 눈에 보이기 시작했다. 그들이 버는 돈의 액수보다 그들의 열정과 노력, 그리고 아낌없는 후원과 배려가 보이기 시작했다.

그래서 나도 부자가 되기 위해 시키는 대로 해보기로 했다. 부자가 되기 위해선 나보다 먼저 부자가 된 사람들이 하라는 대로 해보아도 나쁘지 않을 것 같았다. 그래서 태어나서 처음으로 드림보드를 만들기 시작했다.

드림보드를 만드는 방법은 먼저 커다란 종이 또는 코르크보드를 준비하면 된다. 그다음 드림보드의 제목을 적는다. 나는 '벨라의 드림보드'라는 이름을 붙여주었다. 그리고, 아래의 내용들을 찾아 사진을 캡처해서 휴대폰 앨범에 담아두면 좋다.

내가 가고 싶은 곳
내가 하고 싶은 것
내가 갖고 싶은 것
내가 되고 싶은 것

이 4가지를 생각해보고 최소 5장의 사진을 찾아서 인쇄 또는 인화하면 된다. 나는 드림보드를 작성하기 위해 포토프린터기를 20만 원을 주고 구입했다. 내 꿈을 위해 이 정도는 투자할 수 있다고 생각했기 때문이다. 지금도 꿈이 추가될 때마다 인화해서 업데이트한다.

먼저 사진을 오려서 드림보드에 붙인 뒤 그 꿈을 언제까지 이룰 것인지 기간을 쓰는 것이 가장 중요하다. 5년 뒤, 10년 뒤처럼 장기적인 꿈도 좋지만, 1년 이내에 이룰 수 있는 단기 꿈을 적는 것이 꿈을 빨리 실현시키는 데 더욱 효과적이다. 김은정 작가의 《생각을 성과로 바꾸는 마법의 꿈지도》에서 저자는 '국내 1호 비주얼라이징 강사'라고 스스로를 칭한다. 드림보드는 내 꿈을 시각화시켜 성과로 바꾸어주는 마법 지도라고 생각하면 된다. 저자는 "그리기만 해도 바라던 꿈이 이루어진다"라고 말한다.

I Am Gonna Help People Change Their Life.
(나는 사람들의 삶이 바뀌도록 돕는 일을 하면서 살 거야.)

I Am Gonna Travel The World Giving Talks.
(나는 전 세계를 돌아다니며 강연하는 사람이 될 거야.)

I Am Gonna Fall In Love For Life.
(나는 내 삶과 사랑에 빠져버릴 거야.)

김은정, 《생각을 성과로 바꾸는 마법의 꿈지도》, 체인지업, 2022 중에서 내가 가장 공감갔던 부분이 바로 이 부분이다. 내 삶의 가치관과 일치하는 부분이었다. 특히 마지막 'I Am Gonna Fall In Love For Life'는 어쩌면 쑥스럽고 부끄러워서 드러내지 못했던 부분인데, 이 책을 통해 당당히 내 삶을 사랑하노라 말할 수 있게 되었다.

나만의 드림보드가 꼭 필요한 이유는 사람은 누구나 각자 다른 꿈을 안고 살아가기 때문이다. 예쁜 집, 해외여행, 가족과 함께 누리는 풍요로운 삶, 멋진 차 등은 비슷하지만 더 깊이 들어가보면 디테일이 같은 사람이 단 한 명도 없다. 우스갯소리로 어떤 여성이 키 크고, 잘생기고, 착하고, 돈 많은 남자를 만나게 해달라고 빌었더니 정말 그런 남자를 만났는데, 목소리가 모기 소리같이 앵앵대는 남자를 보내주셨다고 한다. 그녀는 차마 거기까지는 생각하지 못했다고 했다. 그래서 꿈을 꿀 때는 얼마나 자세히 상상하고, 생생하게 꿈꾸는가에 따라 결과도 하늘과 땅 차이로 달라진다.

이 드림보드를 시각화함으로써 좋은 점은 내 꿈을 잊지 않고 매일 상기시킬 수 있고, 잘 보이는 곳에 두고 나의 목표와 나아갈 방향을 잊지 않는 것이다. 즉, 내 꿈을 더 빨리 이루기 위한 장치인 것이다. 또 하나의 장치로 나는 휴대폰을 활용한다. 매일 빠뜨리지 않고 보는 것이 휴대폰이기 때문에 월 목표를 휴대폰 바탕화면에 저장해놓는다. 그리고 매일 보면서 나태해진 나 자신을 바로잡곤 한다. 중기와 장기 목표는 휴대폰 배경화면에 설정해둔다. 매일 사진과 목표를 보면서 한 번이라도 더 연락하게 되고, 목표를 달성하기 위해 더욱 노력하게 된다.

나의 경험처럼 꿈을 시각화하고 나를 자극할 수 있도록 하는 장치를 만들어두는 것도 꿈을 이루는 데 굉장히 중요한 요소다. 누가 뭐라고 비웃든 말든 나는 나에게 에너지를 주는 명언을 온 집안에 붙여두었다.

"나는 항상 건강하고 부유하며 현명하다.
돈이 넘치게 흘러 들어온다!"

화장실, 냉장고, 벽, 방에 온통 이 글이 보이게 해두었다. 하루에 한 번씩은 꼭 보고 지나갈 수밖에 없다. 부정적인 생각이 들다가도 이 글을 읽으면 힘이 날 수밖에 없다. 이렇듯 부자되는 환경 또한 내가 만들어가는 것이다.

드림보드를 완성했다면 다음 단계는 이 드림보드를 동영상으로 만드는 것이다. '드림보드면 됐지 굳이 동영상까지 만들어야 될까?'라고 생각하는 사람들도 있겠지만 일단 한번 만들어보면 생각이 달라질 것이다. 드림보드 영상을 만드는 이유는 우리가 신문 광고보다는 TV 광고를 선호하는 이유와 같다. 시각과 청각의 효과를 몇 배로 극대화시키면서 더욱 감정 이입이 되는 효과를 얻게 되고, 꿈을 이루는 속도가 더욱 빨라진다. 웅장한 음악과 함께하면 심장이 뛰는 속도가 달라지는 것을 느끼게 될 것이다.

드림보드 영상을 만드는 방법은 간단하다. 요즘은 스마트폰의 성능이 매우 좋아져서 사진을 선택하고, 영상 만들기를 누르면 자동으로 만들어지기도 한다. 글자를 함께 넣고 싶다면 안드로이드의 '멸치' 어플을 추천한다. 무료로 사용할 수 있는 어플이고, 퀄리티도 꽤 높아서 '이거 정말 내가 만든 거 맞아?' 하는 효과를 낼 수 있다. 동영상을 매일 보며 내 꿈을 상기시키고, 다른 사람들에게 나의 꿈을 알려보는 것도 효과가 있다.

나 역시 20일 만에 최고 직급을 달성하기 위해 드림보드에 적고, 영상을 만들어 단체 카톡방에 공표하면서부터 일의 속도가 훨씬 빨라졌다. 응원의 에너지가 모이고, 그 에너지가 전달되면서 도움을 주는 사람들이 늘어나기 시작했다. 기회가 많아지고 나의 열정이 더해지면서 확률도 훨씬 올라가는 것을 느꼈다.

드림보드는 그냥 사진 한 장, 영상 한 개의 의미를 넘어선 나의 성장 스토리고, 나의 꿈을 담은 이야기가 된다. 누군가에게 사진과 영상을 보여주며 나의 이야기를 전달했을 때 마음을 열고 진심을 다해 나의 이야기를 들어주기 시작한다. 만약 당신에게 이루고 싶은 간절한 꿈이 있다면 당신의 드림보드는 시각을 비롯해 오감을 자극해 가장 쉽고 빠르게 당신의 꿈을 이루어줄 최상의 성공 아이템이 될 것이다.

나는 나에게 아낌없이 투자한다

당신이 3초 안에 다음 질문에 대답할 수 있다면 10억 원을 받을 수 있다.

"지금 당신에게 10억 원이 주어진다면 무엇을 하시겠습니까?"

자, 3초가 흘렀다. 당신은 10억 원을 받았는가? 안타깝게도 나도 처음에 이 질문을 접했을 때 3초 안에 대답하지 못했다. 간절한 꿈을 생생하게, 그리고 매일 생각해야만 3초 안에 대답할 수 있는 질문이다. 나는 이 질문을 받은 이후부터 아주 사소한 것이라도 하고 싶거나 갖고 싶은 것은 버킷리스트에 정리해둔다. 인스타그램 비밀 계정을 이용해 글을 쓰지 않고 편하게 이미지만 올려둔다. 나의 비밀 계정 이름은 '비비드 드림'으로 '선명한 꿈'이라는 뜻이며, 무엇이든 생생하게 꿈꾸면 더욱 빨리 이루어진다는 것을 의미한다.

사람들에게 부자가 되고 싶은 이유를 물어보면 정확하게 이유에 대해서 이야기할 수 있는 사람이 많지 않다. 대부분 "그냥 돈 걱정 없이 행복하게 살고 싶어서요"라고 답하는 사람들이 많을 것이다. 결국 우리가 행복해지기 위해 부자가 되는 것이라면 나는 이미 이루어진 것처럼 살기로 했다.

10년 뒤 나는 지금보다 더욱 부자가 되어 있을 것이기 때문에 이미 부자가 되었다고 생각하고 부자처럼 행동했다. 내가 '엄청난 부를 거머쥔 부자다'라고 생각하고 집중하다 보니 어느새 내가 하는 일이 즐거워지고, 밤을 새서 일해도 피곤하지 않았다. 당연히 능률은 오르게 되었고, 나의 실력도 향상되었다. 월급은 갈수록 늘어났고 예전엔 사지 못했던 비싼 물건들도 살 수 있는 능력을 가지게 되었다.

하지만 내가 처음부터 돈이 많아서 사고 싶은 것들을 마음대로 샀던 것은 아니다. 이노우에 히로유키(井上 裕之)의 《배움을 돈으로 바꾸는 기술》에서 저자는 진정한 풍요에 대해서 이야기한다. 루브르 박물관의 중요 업무에 종사하는 직원 가운데는 귀족 가문이나 세계적인 부호 집안 출신이 많다고 한다. 샤넬이나 에르메스 직원들도 좋은 가문이나 부의 혜택이 많은 환경에서 자란 사람들이라고 한다. 즉, 풍요로움은 갑자기 졸부가 되어 재산이 많다고 해서 가질 수 있는 것이 아니라는 이야기다. 어렸을 때부터 진품을 보고 자란 사람은 그림의 본질을 본능적으로 자연스럽게 감지해낼 수 있고, 최상급 물품을 접하며 자라면 진정 고급스러움이 몸에 배게 된다는 것이다.

일본 여행을 갔을 때 재미있는 이야기를 들었다. 긴자라는 곳에 위치한 고급 식당에 가게 되었는데, 아주 오래되고 화려하지는 않지만 깔끔하고 품격이 묻어나는 외관이었다. 이곳은 검증된 단골손님들의 소개로만 올 수 있었다. 아무리 돈이 많고 영향력이 있어도 신규 손님은 받지 않는다. 가게도 손님을 선별해서 받는 것이다. 대신 부와 교양, 매너까지 검증된 손님들은 안심하고 자신들의 비즈니스를 더욱 확장시켜나갈 수 있는 장점이 있었다.

내가 직장인이었을 때는 월급이 200만 원이었다. 비싼 가방이나 비싼 차는 살 생각도 하지 못했다. 내가 쓸 수 있는 돈은 한정되어 있는데, 이 돈을 어디에 써야 가장 잘 쓴 돈이 될 수 있을까 고민해보았다. 고민 끝에 처음에는 '돈으로 살 수 없는 것들'에 투자하기 시작했다.

예를 들면 추억, 경험, 내 기분이 좋아지는 것들이었다. 추억을 쌓기 위해 크리스마스 파티, 핼러윈 파티를 일부러 만들기도 했고, 비싼 여행은 아니지만 시간만 나면 여행을 가는 데 돈을 아끼지 않았다. 휴가 때에 맞춰 국내뿐 아니라 해외도 열심히 돌아다니며 견문을 넓혔다. 그리고 여행지에서는 비싼 호텔보다는 체험하고 경험할 수 있는 것들에 흔쾌히 돈을 사용했다. 굉장히 잘한 선택이라는 생각이 드는 것이, 고급 호텔에서 잠잔 기억보다는 특별한 경험들이 아직까지 내 기억 속에 아름답게 자리하고 있기 때문이다.

그리고 현재 나는 내 기분이 좋아지는 것들에 돈을 아끼지 않는다. 나는 적어도 일주일에 한 번은 나를 위한 꽃을 산다. 꽃을 보면 기분이 좋아진다는 사실을 알았고, 꽃병을 사둔 다음 항상 꽃이 떨어지지 않게 하려고 한다. 매주 다른 꽃들을 보면서 기분이 좋아지고 행복함을 느낀다. 꽃을 한 번 사는 데 비용은 5,000원에서 10,000원 내외이다. 해바라기 한 송이, 미니 장미 5송이, 가끔은 2만 원에 튤립 한 다발을 사는 사치를 부려보기도 한다.

기분만큼 중요한 것이 건강이다. 균형 잡힌 식단에 운동을 하는 것이 가장 좋지만 바쁜 현대인들에게는 가끔 힐링 타임도 필요한 법이다. 나는 운전을 많이 하거나 글을 오래 쓸 때면 목과 어깨가 자주 뻐근한 편이다. 목은 뇌와 심장을 연결시켜주는 유일한 통로이기 때문에 신경을 많이 쓰는 곳이다. 그래서 몸이 피곤해서 에너지가 다운될 때면 단골 마사지숍을 찾아가 몸의 근육들을 부드럽게 풀어준다. 몸이 피곤하면 에너지가 떨어지고 일을 할 의욕도 함께 떨어지기 때문이다. 낮 시간에 저렴한 곳들도 많기 때문에 35,000~50,000원 내외로 컨디션을 다시 회복시킬 수 있다. 그리고 좋은 컨디션으로 더 큰 수입을 벌어들이는 편이 더 합리적인 소비인 것이다.

과거에는 물질 대신 경험들을 중요하게 생각하다 보니 차에는 전혀 관심이 없었다. 그런데 네트워크 마케팅 사업을 하고 많은 사람들을 만나면서 내가 돈을 벌고 있다고 해도 보여지는 것이 수반되지 않으면 사람들은 믿지 않는다는 사실을 알게 되었다. 경험이 중요하다고 생각하던 나였는데, 내가 외제차를 타지 않고 명품 가방을 들고 가지 않으면 사람들은 나의 가치를 높게 평가하지 않았다. 그런 사람들에게 실망하기도 하고 속상하기도 했지만 나는 더 많은 돈을 벌기 위해 부자들의 돈 쓰는 법을 공부하기 시작했다.

진짜 부자들은 자신이 원하는 것을 정확하게 알고 있다. 만약 부자들에게 10억 원을 준다고 말하면 그들은 그 돈을 어디에 쓸 것인지 정확하게 3초 안에 대답할 것이다. 그리고 부자들은 선불의 법칙을 사용한다. 돈이 생기고 나서 무언가에 투자하는 것이 아니라 먼저 대가를 지불하고 더 많은 돈을 번 뒤에 문제를 해결한다. 나는 부자가 되기 위해 이 방법을 써보기로 했다.

먼저, 당당하게 명품숍에 들어가서 구경하기도 하고 점점 익숙해지는 연습을 했다. 처음에는 눈을 어디에 둬야 할지, 마음에 드는 가방이 있으면 어떻게 해야 하는지, 혹시 사라고 하지는 않을지 눈치를 보곤 했다. 익숙해진 지금은 운동복 차림에 슬리퍼를 신고 구경 가기도 하고, 마음에 드는 물건이 있으면 당당하게 얼만지 물어보기도 한다. 그러다 보니 정말 명품을 살 수 있는 능력이 생기기 시작했고, 외제차를 살펴보며 마음에 드는 차를 고르다 보니 정말 내 것이 되는 신기한 일들이 일어나기 시작했다. 어쩌면 평생 누려보지도 못했을 부자의 삶을 사고의 전환을 통해 누리고 있는 것이다.

나는 더 이상 욕망을 억제하며 살지 않기로 했다. 대신 하고 싶은 것을 하기 위해 더 열심히 노력하고 되는 방법만 찾기로 했다. 나는 내가 가고 싶은 곳에 언제든 갈 수 있고, 내가 가지고 싶은 물건은 언제든 가질 수 있는 경제력을 갖출 것이다. 그리고 나에게 아낌없이 투자함으로써 나의 가치를 높이고 더 많은 돈을 벌 수 있는 행복한 삶을 살 것이다.

무리하게 돈을 써서 명품을 사거나 비싼 식당에 가라는 이야기가 아니다. 다만, 일 년에 한두 번 정도는 이런 일류 경험을 통해서 부자들의 일상에 익숙해져보는 것도 좋다는 것이다. 비싼 명품이 아니더라도 품격 있는 제품을 고를 수 있는 눈을 가지는 것이 중요하다. 그런 현명한 선택을 할 수 있는 센스를 키우고, 소비를 넘어 물건이 지닌 가치를 알아차리고 투자하는 것이 결국 나에 대한 투자다.

내가 수도권으로 이사해서 가장 좋은 점 중에 하나는 문화생활을 쉽게 할 수 있다는 것이다. 루브르 박물관은 갈 수 없지만 유명한 화가들의 작품을 만나볼 수 있는 전시회도 많다. 마음만 먹으면 1~2만 원의 비용을 지불하고 충분히 진품 그림을 감상하며 여유를 즐길 수 있다. 얼마 전 좋아하는 작가인 앙리 마티스(Henri Matisse)의 전시회를 다녀왔다. 한 시간 남짓한 시간과 12,000원의 비용을 들여 엄청난 에너지를 받고 온 경험이 있다. 이런 작은 체험과 행동들을 통해서 나의 내면이 풍요로워지면 나의 가치 또한 올라갈 것이라고 굳게 믿는다.

만약 원하는 것이 모두 이루어지는
100일이 주어진다면

　우리가 인생을 살아가다 보면 누구나 한 번쯤 힘겨운 상황에 부딪히는 경우가 있다. 사람들은 대부분 '왜 나에게만 이런 일이 일어나는 걸까?'라고 자책하거나 세상을 탓하기도 한다. 때로는 극단적인 선택을 하는 사람도 있고, 아무리 절망적인 상황이라도 그 속에서 교훈을 찾고 극복해나가려고 노력하는 사람들도 있다. 하지만 너무나 힘겹고, 희망이 보이지 않는 순간에는 당장 무엇부터 해야 되는지 아무것도 손에 잡히지 않을 것이다. 그럴 때 나는 로또에 당첨되거나 알라딘의 요술램프에서 지니가 나와 소원을 들어줬으면 좋겠다고 생각했다.

　'만약 지니가 나타난다면 무슨 소원을 말할까?'라고 고민해본 적이 있다. 어떻게 하면 더 많은 것을 얻어낼까 꼼수를 생각하고 생각하다가 다음과 같은 결론을 내렸다. 살아가면서 힘든 일이 없는 사람은 아무도 없다는 것이다. 계속 성공하는 인생도 없고, 그렇다고 계속 실패하는 인생도 없다. 하지만 이렇게 혼란 속에서 모든 문제를 슬기롭게 헤쳐갈 수 있는 지혜만 있다면 어떠한 어려움도 극복할 수 있을 것만 같았다.

'100일의 소원'이라고 하면 제일 먼저 생각나는 책이 있다. 바로 이시다 히사쓰구(石田 久二)의 《3개의 소원 100일의 기적》이다. 저자는 무일푼에서 특별한 비법으로 성공한 사업가가 되었다. 제목에서 알 수 있듯 이 저자의 특별한 비법은 3개의 소원을 자기 전, 매일 기록하는 것이다. 100일 동안 빼놓지 않고 기록한 결과 그는 2005년부터 매년 원하는 목표를 달성하며 엄청난 성공자가 되었다. 지금은 기업, 학교, 사회단체 등에서 강연을 하며 멘토로서의 삶을 살고 있다.

'그냥 쓰는 것'이 비법이라니! 처음에는 당황스러웠다. 저자 역시 처음에는 소원을 쓰다가 중도에 포기해버렸다. 그러다 4년 만에 다시 쓰기 시작했고, 그해 8월에 블로그 접속자 수가 3배로 늘어났으며, 9월과 10월에는 기획했던 고액 세미나가 모두 매진되었다. 그리고 9월에는 마침내 월 수입 1,000만 원을 돌파했다. 그리고 10월 1일에는 도서 출판을 결정했고, 이후 수많은 멋진 만남을 가졌다고 한다. 소원을 적는 것은 예를 들면 다음과 같다.

1일째 소원
2022년 나는 매월 2,000만 원을 받는 사업가가 될 것이다.

2022년 나는 매월 2,000만 원을 받는 사업가가 될 것이다.
2022년 나는 매월 2,000만 원을 받는 사업가가 될 것이다.

2일째 소원

나는 올해 두 권의 책을 쓰는 베스트셀러 작가가 될 것이다.
나는 올해 두 권의 책을 쓰는 베스트셀러 작가가 될 것이다.
나는 올해 두 권의 책을 쓰는 베스트셀러 작가가 될 것이다.

이런 식으로 100일 동안 같은 소원을 매일 쓰는 것은 결코 쉽지 않다. 그냥 적는 데는 1분도 걸리지 않지만 말이다. 무언가를 꾸준히 한다는 것은 그만큼 '집중'한다는 것을 의미한다. 집중하기 때문에 원하는 목표가 빨리 달성된다. 이것을 '우주의 법칙'이라고 말한다.

'우주의 법칙'이라고 하니 유치하기도 하고, 말도 안 된다고 생각하는 사람들도 있을 것이다. 신흥 종교 같다고 말하는 사람도 있다. 하지만 말에도 에너지가 있다. 나는 진짜 말에도 에너지가 있는지 너무 궁금해서 '말 에너지'라고 인터넷 검색을 했다. 그랬더니 한 블로그에 떡으로 실험을 한 결과가 있었다. 나는 정말일까 의심이 들었다. 그래서 먹다 남은 떡을 두 개의 반찬통에 넣어 실험해보기로 했다. 떡 두 개를 똑같은 크기의 통에 넣고 하나는 '사랑해'라고 통에 적고, 나머지 하나는 '짜증나'라고 적어보았다.

며칠 뒤 떡이 상하면서 곰팡이가 피기 시작했다. 버려야겠다 싶어 뚜

껍을 여는 순간 깜짝 놀랄 수밖에 없었다. 분명히 똑같은 환경에 놓아 두었는데, '사랑해'라고 쓴 통에는 하얀 곰팡이가 피어 있었고, '짜증나'라고 쓴 통에는 우리가 흔히 알고 있는 검정 곰팡이가 피어 있는 것이다. 나는 '정말 말에도 에너지가 있구나!' 했고, 눈으로 확인하고 난 뒤 더욱 신뢰하기 시작했다. 전기도 눈에 보이지 않지만 존재하고, 공기도 눈에 보이지는 않지만 없으면 1분도 견디기 힘들지 않은가!

만약 원하는 것이 모두 이루어지는 100일이 주어진다면 나는 성공한 사람들의 부자되는 루틴을 하루에 하나씩 내 습관으로 만들어달라고 하고 싶다. 일시적으로 나에게 부가 생긴다거나, 일시적으로 예쁘고 날씬해지는 것보다 내 습관으로 만들어버리면 계속 유지하며 살 수 있기 때문이다. 매일 운동하기, 아침에 일찍 일어나기, 건강식으로 챙겨 먹기, 긍정적인 생각하기, 친절하게 말하기, 항상 웃기, 시간 약속 잘 지키기, 미루지 않기, 자고 일어나면 이불정리는 바로 하기, 밥 먹으면 꼭 설거지 바로 하기, 적극적인 태도를 갖기, 계획 잘 세우기, 매일 소원 쓰기, 전날에 일정 정리하기, 사용한 물건 제자리에 두기, 독서하기, 남의 험담하지 않기, 매일 피부 관리하기, 해야 할 일 즐겁게 하기, 자기계발하기, 영어 공부하기 등 해야 할 것들이 너무나 많다.

성공한 기업가나, 금메달을 딴 운동선수, 유명해진 연예인들도 모두 공통적인 습관을 가지고 있다. 최소 10년이 넘게 자신의 일에 몰두했다는 것, 다른 사람들이 놀거나 시간을 허투루 보낼 때 보이지 않는 곳에서 노력을 게을리하지 않았다는 것, 정상의 자리를 지키기 위해 남들보다 더 많은 것들을 희생했다는 것, 그러다 보니 자신의 일을 진짜 좋아하게 되었다는 것이다. 돈을 버는 것도 성공하는 것도 임계점이 존재한다. 처음에는 성공의 기미가 보이지 않더라도 꾸준히 묵묵히 하다 보면 어떤 기회가 왔을 때 한 번에 엄청나게 성장하는 경우가 많다. 물이 99도까지 끓지 않다가 마지막 1도가 더해졌을 때 팔팔 끓는 것처럼 말이다.

처음 일을 시작한 매니저 T는 내가 일하는 모습을 보면서 "나 그냥, 니 매니저 하면 안 될까? 나 그냥 200만 원만 줘"라고 말했다. 내가 우아한 백조처럼 물 밑에서 열심히 물장구를 치는 것은 보이지 않으니 일이 쉬워 보인 것이다. 하지만 만약 나의 하루 루틴을 그대로 따라 하라고 하면 200만 원으로는 부족하다고 이야기할 것이다. 네트워크 마케팅 사업은 처음에는 안 해본 일이고 낯선 일이기 때문에 어려워 보일 수 있지만, 시간이 지날수록 일은 익숙해지고 나의 멤버십이 쌓이다 보니 시간 투자 대비 불로소득을 더 많이 가져가게 되는 구조다.

누군가는 제품을 홍보하기도 하고, 누군가는 돈 버는 정보를 전달하면서 갖은 시행착오를 겪는다. 현장에서 경험을 통해 빠르게 피드백을 받고, 몸으로 돈 버는 기술을 습득하기 때문에 한번 이 기술을 익히기 시작하면 운전이나 수영처럼 숙련이 된다. 우리 회사 같은 경우는 대부분 3개월 만에 중간 직급으로 승진한다. 이 과정이 거의 100일이다. 딱 100일만 집중하면 최고 직급 바로 아래인 중간 직급으로 승진할 수 있고, 그때부터 회사 총 매출의 12%를 기준에 따라 공유받을 수 있다.

램프의 요정 지니가 있어야 소원을 이룰 수 있는 것이 아니라 현실에서도 나의 선택에 따라 다른 결과를 가지고 다른 인생을 살 수 있는 것이다. 일단 선택을 해야 그다음 단계로 나아갈 수 있다. 성공 여부는 내 노력에 따라 달라질 것이다. 내가 함께 사업을 하자고 누군가에게 손을 내밀었을 때 누군가는 선택하고, 누군가는 거절한다. 물론 이 사업을 거절한다고 해서 잘못된 인생을 산다는 것은 아니다.

하지만 만약 경제적으로 지금보다 더 부유한 삶을 사는 것이 목표인 사람들에게는 꼭 이렇게 이야기해주고 싶다.

"지금까지 교육받은 건 모두 잊으세요!
부자가 될 수 있다는 말을 믿으세요!"

그리고 직접 알아보길 바란다. 과거에 부자가 되지 못한 사람들의 말을 믿지 말고, 지금 부자가 되어가고 있는 사람들의 말을 믿고 행동하길 바란다. 한 살이라도 젊었을 때 용기를 내서 자신의 미래를 바꾸길 바란다. 그렇지 않으면 30년 후에 아이들에게 "엄마는 그때 뭐했어?"라는 말을 들을지도 모르기 때문이다.

나는 매일매일이 주말인 삶을 산다

만약 일하지 않아도 되는 충분한 경제적 자유가 주어진다면 무엇을 하고 싶은지 생각해본 적이 있는가? 나는 학교에서 근무하던 시절 조그만 창문을 바라보며 매일 '분위기 좋은 카페에서 커피 한잔만 했으면 좋겠다'고 생각했다. 날씨가 끝내주게 좋은 날, 따사로운 햇살을 맞으며 책을 보고, 커피를 마시는 여유를 누리는 사람들은 많지 않다. 대부분의 직장인들은 주말에 쉬기 위해 5일을 열심히 일한다.

누군가는 정말 그 일이 좋아서 경제적인 것과 상관없이 일할 수도 있다. 하지만 누군가에게는 경제적인 삶을 유지하기 위해 치열하게 버텨야 하는 시간일 수도 있다. '백수도 주말을 기다린다'는 말이 있다. 그만큼 사람들은 일하지 않고 자유롭게 살기를 원한다. 의무와 규율이 존재하는 곳에서 일하는 것이 TV를 보는 것만큼 재미있을 리 없기 때문이다.

내가 '직장인'이라는 타이틀을 달고 있었을 때를 생각해보면 여행을 가지 못해 미친 사람처럼 1년 스케줄 중 주말과 공휴일 스케줄을 짜맞추며 어떻게든 여행스케줄을 미리 정해놓기 위해 안간힘을 썼다. 그 결과 일 년에 네 번씩 해외여행을 다니며 직장생활의 스트레스를 풀곤 했다. 그마저도 학교에서 근무했기 때문에 가능했다. 방학이라는 장점이 있어서 여름방학과 겨울방학에는 일주일 휴가를 내서 평일에도 여행을 갈 수 있었다. 하지만 퇴사하고 보니 그 윗단계 레벨이 존재했다. 여름방학, 겨울방학은 아무래도 학생들이 몰리다 보니 어딜 가도 가격은 비싸고, 사람들은 붐비게 되어 있기 때문이다. 그때 여행을 다니면서 '아, 나도 따뜻한 봄, 가을에 여행 다니고 싶다'라는 소망을 가슴에 품었다.

　1년 전 따뜻한 봄날, 눈앞에서 서울 가는 기차를 놓친 적이 있었다. 열심히 뛰었지만 떠나가는 기차의 뒷모습만 보일 뿐이었다. 거친 숨을 몰아쉬며 어떻게든 빨리 가야겠다는 오기가 생겼다. 나는 서울 가는 비행기를 검색하기 시작했다. 그런데 '특가'라고 떠 있는 빨간색 글자가 눈에 들어오기 시작했다. 잔여좌석 1개. 22,800원에 제주도로 떠나는 비행기가 눈에 들어왔다. 홈쇼핑 마감임박 사인을 본 것처럼 예약 버튼을 나도 모르게 빠르게 누르기 시작했다. 비행기 이륙 두 시간 전, 나는 1박 2일 서울 일정을 위해 쌌던 짐을 들고 공항으로 달려갔다. 그리고 어느새 나는 제주도로 향하는 비행기에 올라타 있었다.

　아무런 준비 없이 무작정 떠나는 여행, 누구나 꿈꾸지만 현실에 발이 묶여 쉽게 하지 못하는 일이었다. 창밖의 구름을 보며 설레임 반, 두려움 반으로 제주 공항에 도착했다. 공항 의자에 앉아 렌터카를 예약했다. 그런데, 이게 무슨 일인가! 렌터카가 하루에 9,900원이었다. 얼마나 머무르게 될지 몰라서 일단 이틀을 예약하고 렌터카 회사로 발걸음을 옮겼다. 그런데 운이 좋은 나는 '업그레이드' 행운까지 거머쥐었다. 하루 9,900원에 SM6 신형을 배정받았다. 혼자서 "열심히 일한 당신, 떠나라!"를 외치며 창밖으로 손도 내밀어보고, 신나는 음악도 크게 틀며 제주도 드라이브를 즐겼다.

내가 그렇게 꿈꿔왔던 따듯한 봄날! 제주 여행의 꿈을 이루게 된 것이다. 당장 오늘 잘 곳을 예약하지 않았지만 행복했다. 이제 나에게는 5성급 호텔도 오늘 당장 예약할 수 있는 경제적 여유가 생겼기 때문이다. 나는 휴대폰으로 제일 좋은 숙소를 검색하기 시작했다. 혼자서 온 여행인데 저렴한 곳을 찾으며 처량하게 보내고 싶지 않았다. 검색창 가장 위쪽에 제주시에 새로 생긴 초특급 호텔이 눈에 띄었다. 하루 숙박비 58만 원! 몇 년 전처럼 월급 200만 원을 받는 직장인이었다면 꿈도 꾸지 못할 가격이었다. 평일 할인을 받아서 1박 39만 원에 훨씬 저렴하게 고급 호텔을 누릴 수 있었다. 내가 예약한 방은 전체가 통유리로 되어 있어 멋진 시티뷰를 즐길 수 있는 방이었다. 침대도 슈퍼킹 사이즈여서 혼자서 굴러다니며 자도 될 정도였다. 창가 쪽에 고급 테이블과 고급 소파도 놓여 있어 답답함 없이 호캉스를 즐길 수 있었다.

슬슬 배가 고파서 룸서비스를 시키기 위해 메뉴판을 펼쳤다. 호텔 룸서비스는 엄청 비쌀 거라고 생각했는데, 스테이크가 44,000원이었다.

가격이 생각보다 합리적이었다. 그동안 괜히 비쌀 거라고 생각해서 시켜 먹을 생각조차 하지 않았다. 혼자서 제주도 야경을 바라보며 최고급 호텔에서 룸서비스로 저녁을 먹는 기분은 정말 최고였다! 내가 돈을 벌고 난 뒤 그전의 생각과 가장 달라진 점은 바로 편리함과 가치를 기준으로 돈을 사용한다는 것이다. 비싸지만 나의 기분을 좋게 유지할 수 있는 곳에 즐겁게 돈을 쓰다 보니 돈을 쓸 때 내 기분은 항상 최고였다.

다음 날, 차를 타고 애월읍으로 향했다. 바다가 보이는 커피숍 창가에 앉아 보고 싶었던 책을 보며 SNS로 여행하는 모습을 공유했다. 이번에 출시된 신제품을 먹으며 1분짜리 동영상도 짧게 찍어 음악과 함께 유튜브에 업로드했다. 그리고 카카오톡과 전화로 파트너들과 소통하기 시작했다. 굳이 직접 만나지 않고 스마트폰만으로도 충분한 소통이 가능했다. 신규 사업자들에게는 주문 결제방법을 안내해주기도 하고, 기존에 만들어두었던 영상 자료와 설명서를 전송해주었다. 바다를 보며 커피를 마시는 동안에도 크고 작은 소득들이 발생됐다. 스마트폰만 있으면 언제 어디서든 일할 수 있는 자유가 너무 벅차게 행복했다.

그날은 매주 있는 팀들과 줌미팅을 하는 날이었다. 링크를 누르고 휴대폰을 테이블에 세워두고 에어팟을 끼고 며칠간의 미팅에 관련된 대화를 나누었다. 다음 전략도 짜고, 서로 필요한 자료도 주고받았다. 나는 제주도에 있었지만 업무를 하는 데 전혀 어려움이 없었다. 미팅을 끝내고, 팀들이 필요한 보상플랜을 아이패드 화면녹화 기능을 활용해 녹화했다. 그리고 휴대폰 어플을 이용해 편집한 뒤 유튜브에 업로드하고 팀들에게 링크를 전송했다. 몇 시간 뒤 보상플랜 영상을 보고 미팅에 성공했다는 인증샷이 여기저기서 날아왔다. 기분 좋은 하루였다. 나는 시간적, 경제적, 공간적 자유를 이루었다는 사실이 너무나 행복했다. 언제 어디서든 일과 여행을 함께 누리는 디지털 노마드의 삶을 살게 된 것이다.

　물론 처음부터 이런 삶을 누릴 수 있었던 것은 아니었다. 처음에는 파트너들도 많지 않았고, 고객도 많지 않았다. 아무것도 없는 황무지에서 혼자 살아남아야만 하는 느낌이었다. 하지만 함께 시간을 보내주고 엄마처럼 모르는 것을 알려주는 팀들이 있었다. 기존에 내가 다니던 회사와는 사뭇 다른 느낌이었다. 모든 것이 경쟁이고, 종이 한 장 보여주지 않고 혼자 알아서 해야 했던 업무와는 다른 따듯함이 있었다. 무엇보다도 눈치 보지 않고 일할 수 있다는 사실이 너무 마음 편했다. 회사처럼 상사도 없었고, 지시 체계도 없었다. 그저 서로 물어보면 도와주는 협력 관계라는 표현이 맞을 것 같다.

　자유로운 직업이라 좋은 점이 또 하나 있다. 얼마 전 예약해두었던 전시회가 마지막 날이라는 것을 알게 되었다. 오전 일정을 오후로 미루고 예술의 전당으로 향했다. 혼자 보는 것보다 둘이 보는 게 좋을 것 같아서 함께 일하는 파트너 사업자 겸 동생인 G양에게 전화를 했다. 마침 강남쪽에 약속이 있어서 두 시간 정도 시간적 여유가 있다고 했다. 나는 함께 전시회를 보자고 제안했고 G양은 바로 달려왔다. 나는 언제든 내가 원하는 스케줄대로 움직일 수 있다는 사실에 엄청 행복했다. 그리고 함께 시간적인 자유를 누릴 수 있는 친구가 있다는 사실도 좋았다. 만약 직장을 다니고 있는 친구였다면 이 시간에 나올 수 없기 때문이다. 우리는 커피를 마시는 중에도 함께 사업에 대해서 이야기하고, 더 잘될 수 있는 방법에 대해 끊임없이 아이디어를 냈다. 일이 우리의 화제고, 재미있는 소재가 되는 것이다.

평소 좋아하던 작가의 작품을 여유로운 평일에 볼 수 있다는 사실이 너무 행복했다. 사진촬영이 가능한 곳에서 예쁘게 사진도 찍고, 그 사진을 SNS에 다시 업로드했다. 그 사진을 보고 친구들에게 잘 지내냐는 연락이 왔다. 일하면서 아이 키우기가 너무 힘들다는 이야기가 많았다. 시간적인 여유가 없는 친구들은 벌써 못 본 지 10년이 지난 것 같다. 내가 직업을 바꾸고 가장 좋은 점은 보고싶은 사람들만 볼 수 있다는 것이다. 누구를 만나서 시간을 보낼지는 내가 결정할 수 있다.

나는 더 이상 부정적인 사람들은 만나지 않는다. 나와 가치관이 안 맞거나 내가 싫어하는 사람은 굳이 만날 필요가 없어졌다. 만나면 즐거운 사람들만 만나고, 그들에게서 에너지를 얻는다. 그리고 그 에너지로 더 열심히 일하고 더 많은 수익을 창출한다. 내가 원할 때 언제든 떠날 수 있는 자유가 있어서 여행에 대한 갈증도 사라졌다. 쉬고 싶을 때는 언제든 마음대로 쉴 수 있다. 나는 자유로운 영혼들에게 말해주고 싶다. 왜 주말이 이틀이어야 하는가? 내가 3년 만에 이룬 것들을 당신은 1년 만에 해낼 수 있다. 매일매일이 주말인 삶을 꿈꿔라!

사람들의 기대 이상으로 살아라

나는 어릴 적부터 부모님께 칭찬받고 싶고, 부모님을 실망시키지 않기 위해 엄청나게 노력하고 지낸 학생이었던 것 같다. 늘 자랑스러운 딸이 되고 싶었지만 인생은 뜻대로 되지 않았다. 공부는 나름대로 한다고 열심히 했는데 시험은 항상 내가 공부하지 않은 부분에서 나오곤 했고, 결국 부모님이 원하는 대학이 아닌 성적에 맞춘 지방대에 진학했다. 부모님은 항상 사무실에서 일하는 공무원이 되라고 말씀하셨다. 그게 아니면 남들이 빼앗지 못하는 기술을 배워 평생 먹고 살아야 한다고 말씀하셨다. 그래서 어릴 적 생각하던 직업이 회사원, 미용사, 공무원이었다. 지금 생각해보면 나의 적성과 취향에 전혀 맞지 않는 직업들이었다.

서른 살이 넘을 때까지 서너 가지 직업을 전전하며 깨달은 점은 모든 사람들은 다듬어지지 않은 원석이라는 것이다. 지금 하는 일이 만족스럽지 못하다고 해도 걱정하지 않아도 된다. 당신은 지금 하고 있는 일보다 훨씬 더 뛰어나고, 가치 있는 수많은 일들을 해낼 수 있다. 하지만 정작 스스로를 돌멩이라고 생각하는 사람들이 많다. 내가 아무리 다이아몬드라고 이야기해줘도 자신은 돌멩이라서 아무것도 할 수 없다고 말한다. 이런 생각을 가진 부류들은 나 역시 설득하다 지쳐 포기하고 싶어질 때가 많다. 나의 가치를 내가 정의하지 않으면 다른 사람들이 "너는 이런 사람이야"라고 정의해버린다. 그러면 정말 내가 그런 사람이라는 틀에 갇혀 그 틀을 벗어나서는 아무것도 하지 못한다. 내가 나를 먼저 사랑해주지 않으면서 다른 사람들이 나를 인정해주기를 기다려서는 안 된다.

그래서 나는 처음 만나는 사람들에게 당신이 좋아하는 것이 무엇인지 3가지를 말해달라고 요청한다. 그 답을 보면 그 사람의 성향을 어느 정도 파악할 수 있기 때문이다. 대부분은 먹을 것을 이야기하거나 자신이 무엇을 좋아하는지 모르는 경우가 많다. 나는 안개꽃, 풍선, 바람개비를 좋아한다. 내가 보고만 있어도 기분이 좋아지는 것들을 발견한 것이다. 제주도에 가면 풍력발전기가 많은데, 내 눈에는 큰 바람개비처럼 보여서 풍력발전소 옆을 지나가는 것을 좋아한다. 가끔 드라이브하다가 작은 바람개비들이 바람에 돌아가는 모습을 보면 그게 그렇게 귀엽고 기분이 좋다. 자신이 무엇을 좋아하고 잘하는 사람인지 파악하는 것은 굉장히 중요하다.

얼마 전 넷플릭스 오리지널 프로그램인 〈데이비드 레터맨쇼〉를 보았다. 2015년 5월 4일 방송된 회차의 게스트는 버락 오바마(Barack Obama) 미국 전 대통령이었다. 데이비드 레터맨(David Letterman)과 오바마의 대화는 다음과 같다.

"대통령직에서 내려오신다면 뭘 하실 생각이신가요?"
"글쎄요. 같이 도미노를 할 수 있지 않을까요?"
"도미노요? 좋죠."
"그리고 또…, 같이 스타벅스에 갈 수도 있지요."

유머러스하게 시작한 인터뷰는 오바마 대통령의 인생을 찰나지만 보여주었고, 그의 한 마디 한 마디가 내게 감동을 주었다. 오바마 대통령은 농담처럼 이야기했다.

"저는 해고되지 않았어요. 저는 우리가 한 일이 자랑스럽습니다. 그리고 다음을 향해 갈 준비가 되어 있죠. 사실 저는 신났어요."

자신의 과업을 자랑스러워하면서도 겸손하고, 앞으로도 하고 싶은 일이 많다는 포부도 내비친 오바마 대통령은 자신이 남들과 다르게 영향력을 행사할 수 있는 방법은 바로 다음 세대의 리더들을 양성하는 일이라고 했다. 누군가는 역경을 딛고 용기를 내서 역사와 사회를 바꾸기도 한다. 하지만 모두가 다 그렇게 할 수는 없다. 모두가 다 정치에 참여할 수는 없지만 누군가가 봉사를 하면 그 모습을 보고 봉사해야겠다고 생각하고, 동네에서 자신이 할 수 있는 작은 봉사를 할지도 모른다. 또 누군가가 투표를 하면 그 모습을 보고 투표해야겠다고 생각하는 사람이 생겨날 것이라고 오바마 대통령은 말했다.

나는 네트워크 마케팅 사업의 일부도 이와 같다고 생각한다. 모두가 다 똑같이 성공할 수는 없을지라도 누군가는 지금보다 10만 원을 더 벌고, 온가족이 맛있게 삼겹살 파티를 할 수 있게 되고, 누군가는 정말 남들과는 다른 간절함으로 자신이 목표한 연봉에 도달해 인생역전을 할 수도 있기 때문이다. 과거 잘못된 불법 다단계 회사들과 정확하지 않은 정보를 과대광고한 언론 보도의 영향으로 부정적인 이미지가 강한 사업이지만, 제대로 알고 나면 소자본 시간 투자 혹은 적은 자본 투자로 단기간에 원하는 돈을 벌 수도 있는 감사한 사업이기 때문이다.

오바마 대통령은 마지막으로 자신은 '운'이 좋아서 대통령이 되었다고 했다. 똑똑하고 열심히 하는 사람들은 자신 말고도 많이 있다고 말이다. 거기에 맞서 데이비드 레터맨은 다음과 같이 말했다.

"한 가지만 말씀드리죠. 제가 어렸을 때, 그리고 지금도 마찬가지로 남자든 여자든 그게 누구이든 상관없이 대통령은 존경의 대상이죠. 의심의 여지없이 당신은 제가 진심을 다해 존경한 첫 번째 대통령입니다."

미국의 44대 대통령이 된 버락 오바마는 미국 최초의 흑인 대통령이기도 하다. 그는 케냐 출신 유학생이었던 아버지와 백인 어머니 사이에서 태어나 아버지의 부재 속에서 자란 인물로 편견을 극복하고 미국 대통령 자리에 오른 뛰어난 웅변가로도 유명하다. 네이버 백과사전에 따르면 그가 연설을 하고 나면 사람들은 미래에 대해 낙관하게 되었고, 정부를 지지하겠다는 의사를 밝혔다고 한다. 오바마 대통령은 아무것도 이루어놓은 것이 없는 자신을 국민이 믿고 자신을 중심으로 통합하도록 말하는 방법을 알고 있었다. 그가 호소한 것은 실적이나 수치가 아니라 비전과 꿈, 정직한 의지였다.

미국 국민들, 그리고 전 세계인들이 그를 신뢰한 이유는 그의 언행과 삶이 일치했기 때문이다. 대부분 우리가 생각하는 정치인은 약속을 잘 지키지 않는다. 그러나 그는 흑인 아버지와 백인 어머니 사이에서 태어난 자신의 정체성을 미국 문제와 연관시키고, 다양성을 포용하는 정책을 만들었다. 그의 정책은 다양한 이견을 뚫고 강렬하게 전달되어 사람들을 설득했다.

나도 처음 이 사업을 시작했을 때 주변의 모든 사람들이 반대하고 말렸다. '그래도 공무원이 낫지 않아?' 하는 걱정스런 눈빛으로 나를 쳐다봤지만 속으로는 '무슨 다단계야. 혹시 나한테 피해를 주지는 않겠지?' 하는 눈빛들이었다. 나는 그들의 기대 이상이 되고 싶어서 더 이를 악물고 열심히 일했다. 적어도 "거 봐. 내 말 듣지, 공무원이 더 낫잖아" 하는 이야기는 듣고 싶지 않았다. 나는 공무원 생활을 하며 나의 꿈을 키울 시간을 놓치는 것이 너무 아까웠다. 나는 젊은 부자가 되고 싶었다. 마음껏 세상을 누비며 자유롭게 살고 싶었다. 원할 때 언제든 떠날 수 있는 자유와 경제력을 가지고 싶었다. 나는 계속 성장하는 삶을 살고 싶었다. 매 순간 내가 사랑하는 일을 하며 가슴 뛰는 삶을 살고 싶었다. 그리고 5년 뒤 나의 꿈을 이루었다. 아직도 완벽하진 않지만 완벽에 가까워지고 있다. 누구의 삶이든 완벽할 수는 없기 때문이다.

내가 하는 일은 평범한 사람들이 함께하는 일이다. 아무것도 모르고 시작했던 나처럼 내가 걸어온 길을 하나씩 차근차근 알려주는 일을 한다. 누구나 부자로 살고 싶어 한다. 누구나 가족과 행복한 시간을 보낼 자유롭고 여유로운 시간을 원한다. 누구나 사람들에게 인정받는 멋진 사람이 되고 싶어 한다. 하지만 그들은 방법을 잘 알지 못한다. '평범한 사람이 부자가 되기 위한 방법'. 나는 이 방법을 많은 사람들에게 전파하고 싶다. 나쁜 사업이라는 편견을 깨고 월급통장 하나를 더 늘리는 일, 누군가에게 일자리를 제공하는 일, 더 이상 노동하지 않아도 되는 일, 평생 현역으로 살 수 있는 일, 멋진 엄마, 멋진 딸이 될 수 있는 일. 나는 그런 일이 바로 네트워크 마케팅 사업이라고 생각한다.

많은 사람들이 이 책을 통해 정확한 정보를 제공받고, 네트워크 마케팅 사업을 하는 사람들을 따뜻한 눈길로 바라봐주었으면 하는 바람이다. 그들은 가족의 풍요로운 미래를 위해 지금 할 수 있는 최선을 다해 살아가고 있다. 어쩌면 평범한 사람들도 부자가 될 수 있는 기회를 주고 있는 멋진 사람들일지도 모른다. 오바마 대통령처럼 나도 선하고 멋진 리더가 되어, 많은 사람들에게 살기 편한 세상이 되도록 선한 영향력을 끼치고 싶다. 교육을 제대로 받지 못하는 어린 친구들이 어렸을 때부터 돈 공부를 할 수 있는 '경제교육스쿨'을 설립하고 싶다. 그들 스스로 돈에 대해 공부하고 투자함으로써 불우한 환경 속에서도 부를 키워갈 수 있도록 돕는 것이 나의 꿈이다. 무엇을 상상하든 기대 이상으로 살아갈 것이다.

경제적 자유를 위해 퇴사를 결심하다

인생에서 놓치고 있는 가장 중요한 것

나는 하루 한 시간은 꼭 스타벅스에 간다. 대부분은 책을 읽고 하루 일정을 점검하기도 한다. 오전 일정이 없는 날은 6시 50분에 일어나 양치를 하고 모자만 뒤집어 쓰고 7시에 나간다. 집 근처 스타벅스 오픈 시간이 7시기 때문이다. 아메리카노와 간단히 먹을 샌드위치를 시키고 사진을 찍어 팀들이 있는 단체 카톡 방에 사진과 함께 글을 보낸다. 일찍 일어난 팀원들은 이모티콘으로 신나게 서로의 안부를 알린다. 내가 스타벅스 모닝을 시작하고 알린 지 한두 달이 지나자 따라 하는 팀원이 생기기 시작했다. 일부 지방은 스타벅스가 7시에 열지 않는다며 맥도날드로 가기도 했다.

내가 스타벅스에서 주로 읽는 책은 의식 확장에 관한 책이다. 네트워크 마케팅 사업을 하기 전에는 위로나 힐링 에세이를 주로 읽었지만, 이 사업을 시작하고 난 뒤에는 무조건 나의 의식과 관점을 높여주는 책을 선호한다. 이러한 책들을 골라 읽는 이유는 상상하고 목표를 시각화하고 실행을 한 뒤로 정말 내가 생각했던 것들이 이루어지는 경험을 다수 했기 때문이다.

내가 몸담고 있는 C사는 직급이 4단계다. 나는 최고 직급으로 가기 위해 운전할 때마다 무대에 예쁜 드레스를 입고 올라가 많은 사람들 앞에서 자랑스럽게 스피치를 하는 상상을 하곤 했다. 그리고 가끔 혼자서 무슨 이야기를 할지 생각하며 실제로 연습해보기도 했다. 처음에는 얼굴이 빨개지며 부끄러웠지만, 마치 정말 이루어진 것 같은 느낌이 들어 기분이 굉장히 좋아졌다. 이렇게 상상한 지 얼마 지나지 않아 나는 정말 최고 직급인 '마스터 판매원' 직급으로 승급하게 되었다. 정확히 내가 상상했던 드레스를 입고 무대에 오른 사람들 중 첫 번째로 승급 소감 발표를 하게 되었다. 내 상상과 목표가 이뤄낸 엄청난 희열이었다.

매일 아침 스타벅스에서 책을 읽고 있으면 매일 마주치게 되는 사람들이 여럿 있다. 혼자 와서 공무원 시험 공부를 하는 학생도 있고, 산책을 하고 나서 커피를 마시러 오는 친구 무리도 있다. 그리고 8시가 넘으면 아이들 등원을 시키고 모여 앉아 수다를 떠는 무리들이 늘어난다. 의도하지는 않았지만 대화 내용이 모두 들릴 때가 많다. 누구와 결혼했다는 연예인 이야기, 대통령 이야기, 주식이나 코인이 떨어진 이야기, 시댁 아가씨가 소개팅한 이야기, 남편이 공무원 시험을 준비하기 위해 직장을 그만둔 이야기 등 내용도 무척이나 다양하다.

나도 과거 그들처럼 친구들과 가십거리를 이야기하며 시간을 보냈던 적이 있다. 나는 이런 시간들이 내 인생에 전혀 도움이 되지 않는다는 사실을 그때는 알지 못했다. 나는 1년 전 본사가 위치한 분당 서현역 근처로 이사했다. 분당 집값과 교육열은 전국에서도 알아주는 수준이다. 그래서일까? 엄마들이 모이면 아이들 이야기로 하루 종일도 시간을 보낼 것 같은 기세다. 의식하지 않으려 해도 계속 이야기가 들려오는데, 아마 내가 학교 선생님을 했던 시간이 있었기 때문일지도 모르겠다. 하지만 엄마들 생각보다 학교 선생님들은 엄마들에게 많은 관심이 없다. 아이들의 이쁨은 다 자신 하기 나름인 경우가 많다. 어쩌면 엄마들이 학교 선생님을 비판하며 보내는 시간을 자신의 꿈을 이루는 데 투자했다면 아이의 미래가 훨씬 밝지 않을까 하는 생각이 들었다.

나와 같이 사업을 하는 사람들 중에서도 아이를 키우는 엄마가 많다. 처음 사업을 시작할 때는 아이를 위해 돈을 벌어야 한다고 해놓고, 결국 아이를 케어하느라 제대로 일하지 못하고 아이 핑계를 대며 일에 집중하지 못하는 경우가 많았다. 그런데, 아이들도 초등학교 고학년이 되면 엄마가 자신을 따라다니며 간섭하는 것을 좋아하지 않는다. "우리 아이는 달라요"라고 말하지만, 충분히 혼자서 자신의 일을 처리할 수 있는 나이고, 그렇게 되도록 가르치는 것 역시 부모의 역할이다. 아이들이 엄마가 일하는 시간에 혼자서 생활이 가능하도록 환경 설정을 하는 것도 일을 하고 돈을 버는 활동을 하는 데 굉장히 중요하다.

우리 회사는 4단계의 직급 중 3단계로 승급하는 것을 가장 관건으로 본다. 3단계 직급인 디렉터부터 회사 전체 매출의 5%(투라인 보너스)와 4%(쓰리라인 보너스)를 매달 공유받을 수 있기 때문이다. 승급 조건은 3개월 누적 팀매출 합산 9,000RV 달성이다. A라인 팀매출과 B라인 팀매출을 각 라인에서 5,000RV까지 모두 공유할 수 있기 때문에 팀 후원에 집중한다면 충분히 3개월 안에 달성할 수 있다. 요즘에는 한두 달 만에도 달성하는 팀원들이 많다. 두세 달 만에도 원하는 월급을 벌 수 있고, 중간 관리자가 되어 연봉도 크게 높일 수 있다.

평범한 사람이 열심히만 하면 평균 이상의 연봉을 받을 수 있는 곳이 바로 네트워크 마케팅 사업이다. 하지만 누구나 성공하지는 못한다. 나는 간절함을 가지고 뛰는 사람들이 그렇지 않은 사람들보다 더 빨리 성공하는 경우를 많이 보았다. 나 역시 20대에 큰돈을 사기당하고 돈에 대한 결핍이 생겨 더욱 성공하고 싶었고, 돈으로부터 자유롭고 싶은 갈망이 컸다. 그렇기 때문에 돈 때문에 힘든 사람들의 심정을 누구보다 잘 안다.

세상에는 자신이 잘못하지 않았음에도 힘든 삶을 사는 사람들이 많다. 남편 사업이 갑자기 부도가 나기도 하고, 부모님의 건강이 갑자기 안 좋아지기도 한다. 그리고 내 몸이 아프기라도 하면 지금까지 이뤄왔던 모든 것을 내려놓아야 하는 순간이 올 수도 있다. 이런 절망적인 상황에 놓여 있을 때는 내가 할 수 있는 것이 아무것도 없다는 생각이 들면서 희망이 사라진다. 하지만 이런 상황에서 우리가 할 수 있는 것은 2

가지 선택이다. 이겨낼 것인가? 포기할 것인가? 나는 무조건 전자를 택한다. 할 수 없을 것 같다는 생각을 0.1%라도 집어넣는 순간, 정말로 할 수 없게 된다. 하지만 포기하지 않고 무조건 되는 방법만 찾는다면 신기하게도 목표한 바를 이루는 경우를 많이 보았다.

뇌수술을 한 뒤 후유증으로 몸이 아픈 50대 사업 파트너 H가 있다. 처음 H가 사업을 시작한다고 했을 때 모든 사람들이 힘들 것이라고 했다. H는 스스로 돈을 벌어본 적도 없고, 건강도 안 따라주니 가족들을 비롯해 주변 사람들이 말리기 시작했다. 하지만 이 사업에서 비전을 본 H는 도전했고, '시작'이라는 깃발을 먼저 꽂았다. H는 빠르게 성장하기 위해 제품 대신 보상플랜을 공부해서 함께 돈 벌 사람을 리크루팅하기 시작했다. 처음에 지켜보던 사람들은 '저렇게 해서 주변 사람들을 잃으면 어떻게 하지'라는 생각을 했다. 하지만 그 이후 H는 자신의 꿈과 왜 이 사업을 선택하게 되었는지를 진심으로 이야기하며 많은 사람들의 마음을 돌릴 수 있었다. 20년간 식품도매업을 하는 남편에게 월 1,000만 원이 넘는 생활비를 받던 H였지만 코로나가 터지면서 40여 명이 넘는 직원들을 유지하며 한 달 수입이 마이너스 3,000만 원이 되었다는 사실을 알게 되었다. H는 '내가 돈을 벌지 않으면 집이 부도가 날 수도 있겠구나' 하는 간절함으로 뛰기 시작했고, 4개월 2일 만에 최고 직급 마스터로 승급하면서 한 달 월급으로 6,100만 원 이상을 받을 수 있었다. 지금은 자랑스러운 엄마, 능력 있는 아내로서 멋진 여성 CEO가 되었다.

네트워크 마케팅 사업은 평범한 나를 특별하게 만들어주었다. 나는 이 책을 읽고 있는 독자들에게도 월급통장 이외에 수입이 들어올 수 있는 네트워크 마케팅 사업을 강력히 추천한다. 리스크 없이 이미 체계화된 시스템 속에서 일을 배울 수 있고, 제대로 된 아이템과 회사만 만난다면 빠른 시간 안에 정보전달을 통해 안정적인 수입원을 만들 수 있다. 오히려 리스크 있는 주식이나 코인보다 수익률이 더 높은 경우도 많다. 네트워크 마케팅의 장점은 엄청나게 많지만, 내가 생각하는 네트워크 마케팅을 꼭 해야만 하는 이유 10가지는 다음과 같다.

첫째, 꿈이 없던 인생에 꿈을 찾아준다.

둘째, 낭비했던 시간에 우선순위를 정해준다.

셋째, 자신의 장점을 계발할 수 있다.

넷째, 출근을 하지 않아도 된다.

다섯째, 부정적인 사고에서 긍정적인 사고를 갖게 된다.

여섯째, 내가 일한 만큼 더 많은 수입을 벌 수 있다.

일곱째, 내 자본 없이 시간 투자만으로 시작할 수 있다.

여덟째, 경쟁하지 않고 상생할 수 있다.

아홉째, 가족과 친구와 함께 일할 수 있다.

열째, 시간적, 경제적, 공간적 자유를 누릴 수 있다.

사람들은 바쁘다고들 하지만 정작 더 잘살기 위해, 생산성 있게 바쁜 사람은 많지 않다. 지금이라도 삶의 우선순위를 정하고 놓쳐버린 내 시간을 미래의 나를 위해 귀중하게 쓰길 바란다. 가난한 사람의 행동을 하면서 부자가 되려는 것은 어불성설이다. 더 이상 돈 없다, 시간 없다는 핑계를 대지 말고 희망찬 미래를 위해 지금 당장 시작하자.

내 주변 평균 다섯 명이 나의 미래다

혹시 주변에 부정적인 사람이 있는지 살펴보길 바란다. 그리고 부정적인 사람과 함께할 때 당신의 기분은 어떤지 살펴보자. 인생을 살아가면서 사람들은 누구나 서로에게 영향을 주고받으며 상호 작용을 하고 살아간다. 부자들은 긍정적이고 성공한 사람들과 사귀고, 가난한 사람들은 부정적이고 게으른 사람들과 사귄다. 내 주변에도 두 부류의 사람이 있다. 첫 번째 부류는 이미 성공했음에도 불구하고 자기계발은 기본이고 많은 사람들에게 선한 영향력을 전파하기 위해 더욱 노력하는 사람들이다. 그들이 가진 아이디어를 공유하고, 세상에 없는 프로젝트를 만들어낸다. 자신의 일을 즐기고 수반되는 문제들을 기꺼이 감수한다.

두 번째 부류는 대충대충 부류다. 일도 대충대충, 인간관계도 대충대충이다. 공짜를 좋아하고 거저 얻어지는 것을 행운이라고 생각한다. 이들은 지금 즐거우면 그만이고, 나중을 위해 계획을 세우는 게 좋지 않겠냐고 이야기하면 "잘 모르겠다"라고 대답한다. 처음에는 이런 부류의 친구들에게 더 나은 일자리를 제시하고 방법을 알려주기도 했다. 하지만 소개시켜준 직장에 지각하기 일쑤고, 꼼수를 부리며 일하는 것을 들켜 내 신뢰마저 깎이는 일을 겪은 뒤로는 아무나 소개할 수 없게 되었다. 이 부류가 좋아하는 책은 주로 '지금 이대로도 괜찮아', '아무것도 하지 않아도 돼'라는 위로와 힐링을 주는 내용이다. '정말 이대로 괜찮은 걸까?' 나는 생각했다. 내 주변에도 항상 점심시간이 다 되어서야 일어나는 지인이 있다. 그리고 사람들을 만나 점심을 먹고, 커피를 마시며 하루를 살아간다. 그냥 누군가를 만나 시간을 보내는 것이 하루 일정의 전부인 것처럼 보인다. 인생을 바꾸려면 크게 3가지 환경을 바꿔야 한다고 한다.

첫째, 지금 사는 곳
둘째, 지금 만나는 사람
셋째, 지금 읽는 책

이 3가지를 바꾸지 않으면 인생은 절대 바뀌지 않는다고 한다. 나는 지금 사는 인생에서 벗어나고 싶었고, 이 3가지를 바꾸기로 마음먹었다. 그래서 코로나가 터지고 몇 달 뒤 큰마음을 먹고 본사 근처인 분당으로 이사를 오게 되었다. 연고도 없고 물가도 비싸서 많이 망설여졌지만 계속 망설이다가 시간만 보내는 것보다 부딪쳐보는 게 더 나을 것 같아서 용기를 냈다. 30년을 넘게 살아온 고향을 떠난다는 것이 쉽지는 않았지만 그만큼 성공에 대한 간절함이 컸던 나였기에 가능한 일이었다. 일부 사람들은 내가 가정이 없기 때문에 쉽게 이주가 가능할 것이라고 생각하지만 누구에게나 사는 곳을 옮기는 일은 쉬운 결정이 아니다.

막상 오긴 왔는데 아는 사람이 하나도 없었다. 그래서 친해질 사람을 찾아보기 시작했다. 지역 모임 중에는 운동을 함께하는 모임, 술자리를 함께하는 모임, 육아를 함께하는 모임 등이 있었는데, 예전 같았으면 술자리를 함께하는 모임에 나가서 인맥을 넓히려고 했을 것이다. 하지만 부자가 되기로 결심한 나는 함께 책을 보고 의식을 발전시키는 모임을 선택했다.

나는 이 모임을 바탕으로 책까지 쓰게 되는 행운을 얻게 되었다. 우연히 인스타그램으로 작가의 일상을 공유하시는 권동희 작가님을 알게 되었고, "작가가 되기 위해 어떤 책을 보면 좋을까요?" 하고 다이렉트 메시지(DM)를 보내며 인연이 되었다. '한국책쓰기강사양성협회'라는 네이버 카페에 가입하라는 안내를 받고 정보를 얻기 위해 카페 활동을 시작했다. 그리고 '의식성장대학'이라는 강의를 알게 되었고, 그곳에서 의식을 성장시켜줄 엄청난 책 리스트들을 소개받게 되었다. 책을 보는 방법도 알게 되었다. 유료였던 이 강의를 지금은 유튜브 채널 '인생라떼'에서 실시간 라이브 방송으로 무료로 만나볼 수 있다.

그동안 나는 책을 읽을 때 처음부터 끝까지 읽으며 밑줄도 긋고, 내 생각도 써보는 방식으로 책을 보았다. 나름대로는 굉장히 신박한 독서법이라고 생각했다. 하지만 이보다 더 빠르고 나의 의식과 행동을 바꿔주는 독서법을 배우게 되었다. 바로 '핵심 독서법'이다. 여기서 말하는 책은 소설이나 에세이가 아니라 철저하게 나의 성장에 도움이 되는 부와 의식에 관련된 책을 말한다. 책은 베스트셀러나 내 마음에 드는 제목으로 고르기보다는 성공자에게 추천을 받는 것이 좋다.

책을 골랐다면 그다음은 목차를 살펴보고, 마음에 드는 소제목에 동그라미를 하고 그 페이지를 펼쳐 읽어내려간다. 마음에 드는 문구가 있다면 밑줄을 그어도 되고 사진을 찍어 보관해도 좋다. 그리고 한 가지 더, 그 문구가 왜 좋은지도 적어 넣으면 좋다. 다음에 다시 책을 봤을 때 '아, 내가 이런 생각을 하고 있었구나'라고 돌아볼 수 있고 훨씬 성장된 나를 발견할 수 있을 것이다.

나는 사는 곳을 바꿈으로써 나머지 2가지를 다 얻었다. 긍정적인 사고를 하는 사람들을 만나게 되었고, 부자가 되게 만들어줄 책을 추천받음으로써 1년 사이에 연봉이 2배가 되는 멋진 경험을 했다. 만약 내가 내 인생을 바꾸려고 노력하지 않았다면 아마 발전 없이 그대로 살아갔을 것이다. 어쩌면 부정적인 사람들 사이에서 나 역시 부정적인 생각을 하며 살아갔을지도 모른다. 사업을 하다 보면 파트너들이 이런 고민을 털어놓는다.

"저는 꿈과 희망을 가지고 열심히 긍정적으로 살아가는데, 제 남편은 그게 되겠냐며 뭐든 하지 말라고만 해요."

나는 직업 특성상 주부들을 많이 만나는데 대부분 비슷한 상황들이다. 100명 중 1명 정도의 남편만 부인이 하는 일을 지지해주고, 부인의 꿈을 응원해준다.

내가 네트워크 마케팅 사업을 통해 수많은 사람들을 만나며 깨달은 것이 있다. 부정적인 사람들은 쉽게 변하지 않는다. 그래서 나는 부정적인 사람들을 변화시키려 하는 대신 긍정적인 사람에게 더 많은 에너지를 쏟는다. 긍정도 부정도 전파가 강한 에너지다. 특히 부정은 긍정의 기운보다 70배 더 강력하다고 한다. 그래서 나는 부정적인 사람은 차단하는 기술을 연마했다. 나의 에너지를 다운시키거나 그 사람을 만난 뒤 기운이 빠지면 그 사람과 몰래 거리를 둔다. 그리고 엄청나게 긍정적인 사람이나 에너지가 좋은 사람들은 다시 만날 기회를 만들려고 노력한다. 함께 시간을 보내며 나에게 도움되는 사고방식과 정보들을 배울 수 있기 때문이다.

나도 네트워크 마케팅 사업을 하기 전에는 이렇다 할 꿈이 없었다. 그저 남들이 사는 대로 평범하게 사는 것이 꿈이었던 것 같다. 내 이름으로 된 아파트와 내 이름으로 된 차를 소유하고, 적당한 남자와 만나서 결혼해서 가정을 꾸리고 매월 얼마씩 저축해서 대출금을 갚고, 열심히 일하고 은퇴 후 행복한 삶을 사는 그림이 내 인생의 전부였던 것 같다. 하지만 이제는 돈이 없으면 그마저도 전부 이루어지기 힘든 꿈이라는 사실을 알아버렸다. 돈이 없는 은퇴는 선물이 아니라 재앙이라는 것을 주변 사람들을 보며 알게 되었다. 나 혼자 살아가기도 버거운 세상에 아픈 부모는 자식에게 짐이 될 것이다. 매달 160만 원가량을 요양원에 지불하고 있는 파트너가 있다. 이 파트너는 병원에서 허드렛일을 하며 130만 원을 번다. 최저임금에도 못 미치는 돈이다. 한 달 내내 8시간 이상을 허리를 펴보지도 못하고 일을 한 결과는 마이너스 30만 원이다. 그녀에게 '꿈'이 있을까? 그녀는 마음 편하게 잠을 자보는 것이 소원이라고 했다.

자, 이제 당신이 함께 시간을 보내는 사람들이 누구인지를 곰곰이 생각해보길 바란다. 당신이 닮고 싶어하는 롤모델들인가? 아니면 '이 사람을 내가 계속 만나야 하나?'라는 생각이 들게 하는 사람들인가? 꿀벌과 어울리면 꿀을 먹게 되고, 똥파리와 어울리면 똥을 먹게 된다. 만약 당신이 백조라면 빨리 닭들 사이에서 빠져나와야 한다. 닭들이 자신과 다른 백조를 보며 이상하다고 놀려댈 게 분명하기 때문이다. 여러분 자신이 누구인지를 정확하게 깨닫고, 자신이 원하는 삶을 살기 위해 나머지는 기꺼이 희생할 각오도 필요하다.

시간을 내서 네트워크 마케팅 세미나에 참석해라. 돈을 버는 새로운 방법을 공부하고, 지금 당장 시작하라. 대신 부정적인 사람은 차단하고, 자신의 삶을 더 나은 삶으로 바꿔보고 싶은 사람과 함께하라. 어쩌면 부자가 되는 방법을 몰라 계속 방황하고 있었는지도 모르기 때문이다. 지금 당장 만나는 사람을 바꿔라. 당신 주변의 평균 다섯 명이 바로 당신의 미래다.

경제적 자유를 위해 퇴사를 결심하다

　죽을 때까지 일만 하며 살고 싶은 사람은 아무도 없을 것이다. 나 역시 그랬다. 젊은 나이에 TV에 나오는 연예인들처럼 멋진 차를 타고 명품 가방을 들고 회사가 아닌 멋진 곳에 가서 선글라스를 쓰고 책을 보며 여유를 즐기는 삶을 살고 싶었다. 하지만 현실은 쌓여 있는 이메일과 서류뿐이었다. 오전에 일 처리를 다 해놓아도 퇴근할 수 없는 신세였다. 친한 직장동료와 마음 편히 잠깐 티타임을 가진다는 것은 있을 수 없었다. 월급이라는 감옥에 갇혀 하기 싫은 일을 억지로 해내며 퇴근시간까지 시간을 때우는 것이 나의 일이었다. 남들이 보기에는 공무원이라는 직함이 그럴 듯한 명함이었지만, 막상 나는 매일 재미없는 생활을 하며 지내고 있었다.

　당신이 만약 직장에 다니며 부자가 되는 것이 목표라면 그것은 아마 당신이 지팡이를 짚고 다닐 때쯤에나 가능한 것이다. 나는 천천히 부자가 될 시간에 빠른 방법으로 돈을 벌고 젊은 나이에 부를 축적해 오래 누리며 살아가고 싶다. 결론부터 이야기하면 직장생활만으로는 절대 부자가 될 수 없다. 우리가 알고 있는 부자들이 펀드에 투자하고, 알뜰하게 쿠폰을 모아서 부자가 되었다고 생각하는가? 절대 그렇지 않다. 우리가 돈을 버는 속도보다 돈이 돈을 버는 속도가 훨씬 빠르다. 왜냐하면 돈은 밥을 먹지도, 잠을 자지도, 심지어 화장실에 가지도 않고 돈을 벌어들이기 때문이다. 힘들어 하지도 않고 피곤해 하지도 않는다.

내가 네트워크 마케팅 사업을 진행한 지 벌써 5년째가 되어간다. 처음 2년은 직장에 다니며 소비자로만 제품을 사용했다. 지금 생각해보면 그때 더 빨리 이 사업을 알아듣고 뛰어들었다면 어땠을까 싶다. 내가 처음 사업을 시작했을 때 가족들을 비롯해 친척, 주변 친구들 모두 걱정하며 반대했다. 심지어 내 전화를 안 받기도 하고, 제품을 구입하라고 할까 봐 전화를 차단한 친구들도 있다.

사회에서는 네트워크 마케팅 사업을 하는 사람들을 무시하기도 한다. 누구나 쉽게 시작할 수 있는 사업이기 때문이다. 하지만 그 과정을 모두 겪고 성공자의 반열에 오르면 진정으로 원하는 경제적 자유를 얻을 수 있다. 나는 사업 초기에도 그런 확신이 있었기 때문에 어렵지 않게 사업을 시작할 수 있었다.

일단 이 사업의 장점은 출근을 하지 않는다는 것이다. 아침 잠이 많은 나는 직장에 출근하기 위해 매일 울다시피 하면서 일어났다. 저녁이 되어 영화 한 편 보고, 책도 보고, SNS도 좀 살펴보다 보면 금방 새벽 2시가 되었다. 그리고 몇 시간 못 잔 채 또 출근을 해야 한다. 피곤한 상태로 근무를 하다가 저녁에는 친구들과 약속이 있으면 또 술 한잔을 하고 그대로 지쳐 잠이 든다. 또 그다음 날 울면서 일어나서 도살장에 끌려가는 소처럼 출근을 했던 기억이 있다. 하지만 지금은 새벽 6시에 일어나서 지방 출장을 가는 날도 즐겁게 눈이 떠진다. 소풍 가기 전날 밤 같은 느낌이다. 미팅이 있으면 곱게 화장을 하고, 예쁜 옷도 골라 입는다. 액세서리에 구두까지 풀세팅을 하고 즐거운 발걸음으로 벤츠를 타고 미팅 장소로 간다.

미팅하는 장소도 매일 다르다. 같은 사무실에 출근하는 것이 아닌 내가 가고 싶은 곳을 정해서 갈 수 있다. 사람이 중심이 되는 무점포 체인 사업인 것이다. 파트너들의 지인이나 사업을 전달하고 싶은 새로운 사람을 만나서 제품을 소개하고 비즈니스를 안내한다. 출퇴근이 없기 때문에 어떤 직업과도 함께 겸할 수 있다는 것이 이 사업의 장점이다. 사업을 진행해보고 수입이 늘어나면 전업을 하는 사람들이 많다. 성형외과 실장님 출신인 파트너 K도 소비자로 처음 이 제품을 만났다. 성형외과에서 일하며 유명한 제품을 모두 사용해보았지만 유독 뛰어난 제품력에 매료되었다. 엄청나게 많은 상담을 하고 많은 매출을 올리며 병원에 기여했지만 정작 돌아오는 것은 야근과 컴플레인뿐이었다. 원판 불변의 법칙이라고 했던가! 아무리 수술이 잘되도 만족하지 못한 환자들은 계속해서 상담실장에게 컴플레인을 퍼부었다. 그리고 야근하고 대중

교통이 끊긴 뒤 퇴근을 하게 되면 택시비로 하루치 번 돈을 다 써야 하는 상황이 매일 반복되었다.

일상에 지친 K는 자신의 얼굴을 보고 자연스럽게 물어보는 사람들에게 제품을 안내했고, 월급보다 더 많은 수입을 받게 되면서 자연스럽게 사표를 썼다. 지금은 8년 차 베테랑이 되었고 그녀 역시 억대 연봉자가 되었다. 50대인 K는 이렇게 말했다.

"제 나이에 열정을 바쳐 일할 곳이 있는 것이 가장 행복해요. 제 친구들은 전부 알바를 하거나 돈을 아껴 써야 한다고 생각해요. 마음놓고 여행을 가거나 멋진 곳에서 맛있는 음식을 먹는 것을 부담스러워 해요! 하지만 저는 자녀들에게 '엄마를 존경해요'라는 이야기를 듣기도 해요. 열심히 살아온 제 자신이 너무 뿌듯해요."

워킹맘으로 살아가며 항상 아이들에게 미안해 하던 K였는데 지금은 일과 가정 모두 다 지킬 수 있는 원더우먼이 되었다. 열심히 일해서 번 돈으로 경기도에 멋진 전원주택을 지은 그녀는 카페처럼 예쁜 집에서 매일 아침을 시작한다. 물론 출근할 필요도 없다. 그녀는 퇴직한 남편에게도 존중받는 아내다. 자신의 일을 열심히 한 뒤 퇴직한 남편에게 든든한 버팀목이 되어주고 남편은 가사일을, K는 바깥일을 하며 서로의 역할을 바꾸어 재미있게 지내고 있다. 만약 K가 그때 직장을 그만두고 자신의 사업을 하지 않았더라면 그녀의 인생은 어떻게 바뀌었을까? 여전히 야근을 하고, 택시를 타며, 친구들과 똑같이 매달 나갈 돈을 걱정하며 살고 있지는 않았을까?

실제로 요즘 40~50대의 가장 큰 관심사는 재테크와 노후대책이다. 이미 100세 시대에 접어들었기 때문이다. 중년들의 가장 뜨거운 이슈는 점차 빨라지고 있는 퇴사 연령과 퇴사 후 긴 노후를 어떻게 보낼 것인가 하는 것이다. 50세까지 직장생활을 버티며 살아가기도 힘든데, 100세까지 돈 없이 살아가는 삶이 두려울 만하다. 과거 평균수명이 70대일 때는 60세 퇴직 후 해외여행 한두 번 다녀오고 손자, 손녀를 보며 생을 마감하는 것이 자연스러웠다. 하지만 요즘 어르신들을 보면 70~80세에도 너무나 정정하시고, 건강 여부에 따라 충분히 사회활동이 가능한 나이다. 하지만 호적 나이로 이력서를 넣는다면 당연히 서류심사에서 탈락되기 십상이다.

얼마 전 국내 유명 방송사에서 근무하고 퇴직하신 신규 파트너를 만나게 되었다. 35세에 사별해서 두 아이를 키우며 꿋꿋하게 직장생활을 하셨다고 했다. 명예롭게 퇴직했으나 제2의 직장을 찾기란 여간 힘든 것이 아니라고 했다. 네트워크 마케팅 사업에 대해 그동안 매체에서 들은 정보로 몹시 부정적인 시선을 갖고 계신 분이었지만, 그녀가 60세에 일을 하려고 보니 받아주는 곳이 많지 않았다. 더군다나 그녀처럼 전문 직종에 종사하던 사람들은 실력을 발휘하고 싶어도 나이 제한에 걸려 원하는 일을 하기란 하늘의 별따기라고 했다.

나는 그녀에게 우리 팀에서 영상촬영과 편집을 맡아주면 어떻겠냐고 제안했다. 조직을 운영하면서 당연히 홍보활동이 필요했기 때문이다. 네트워크 마케팅 사업은 단순히 제품을 판매하는 일이 아니다. 광고로 홍보하는 대신에 내가 모델이 되어 홍보하고, 그 광고비를 돌려받는다고 이해하면 쉽다.

직장은 당신의 노후를 책임져주지 않는다. 만약 당신이 직장인이라면 지금, 현역에 있을 때 노후를 준비하라고 이야기하고 싶다. 그리고 만약 당신이 나처럼 경제적 자유를 원하는 사람이라면 지금 당장 자신만의 사업을 준비하길 바란다. 당신은 당신이 생각하고 있는 것보다 훨씬 더 많은 프로젝트를 할 수 있고, 그 프로젝트를 통해 더 많은 돈을 벌 수 있는 능력이 있다. 회사에 돈을 벌어주는 일은 그만하자! 용기를 내서 당신의 다음 달 월급을 높일 준비를 해라! 30~40대 직장인들도 10~15년 이상은 노후 준비를 해야 한다. 그렇기 때문에 전망이 좋은 미래의 사업 아이템에 자신의 시간과 노력을 투자해야 한다. 그러기 위해서는 이제 더 이상 다른 사람의 시선이나 생각을 신경 쓰는 일은 그만하길 바란다. 네트워크 마케팅 사업이 트렌드가 되는 순간 당신이 설 자리는 이미 사라지고 없다.

일어나지도 않는 일을 미리 두려워하지 마라

나는 딸만 둘인 집안에서 태어났다. 내가 첫째고, 두 살 어린 여동생이 있다. 딸만 둘이다 보니 부모님께서 걱정이 많으셨다. 항상 범죄에 노출되어 있다고 생각하시고 서른 살이 될 때까지 통금시간을 유지하셨다. 그래서 나는 그 재미있다는 나이트를 가본 것이 열 번도 되지 않는다.

만약 여성을 대상으로 한 범죄 사건이 뉴스에서 보도되는 날에는 그 기사가 잠잠해질 때까지 일주일 동안 아빠의 걱정과 감시가 더욱 심해지곤 했다. 그러다 보니 나는 항상 자유를 갈망하며 살았다. 내 마음대로 시간을 계획하지 못했고, 친구들과 커피를 먹다가도 항상 마음 졸이며 허둥지둥 집으로 돌아와야 했다. 부모님이 나를 못 믿으시나 하는 서운함까지 생겼다. 부모님은 물론 걱정되서 그러셨겠지만 충분히 상황 판단을 할 수 있는 성인이 되었는데도 습관처럼 통금은 계속되었다.

지금 생각해보면 경제적 독립을 빨리 했어도 되고, 싫다고 부모님께 더 강력하게 이야기를 했다면 그 싫은 통금에서 조금 빨리 벗어날 수 있었을 것이다.

　내가 미팅을 하며 만나는 사람들은 잘될 것을 생각하기보다 안될 이유를 먼저 걱정하는 사람들이 많다. 그중 5% 정도만 긍정적인 마인드를 가지고 있고, 30% 정도의 사람들은 나와 대화를 하면서 긍정적인 방향으로 생각을 바꾸기도 한다. 그리고 30%의 사람들은 주변의 누군가가 이루고 난 뒤 확인하고 시작하기도 한다.

　과거의 나도 성공자의 말을 믿지 못하고 내가 사는 세상의 관점으로 이 사업을 바라보았다. 그래서 2년간 주변 사람을 지켜보고 확인한 뒤 시작했다. 그때는 그 방법이 무척 괜찮은 방법이라고 생각했고, 내가 굉장히 똑똑하다고 스스로를 칭찬했다. 하지만 지금 생각해보면 더 빨리 시작하고 되는 방법만 찾았다면 훨씬 빠르게 성장했을 것이다. 그리고 '혹시 안되면 어쩌지?' 하고 두려워하며 망설이는 대신 먼저 시작하고 되는 방법만 찾았다면 더 빨리 성공했을 것이다.

　주변 사람 중 성공자가 없다면 성공자를 찾아 그들의 말을 들어야 한다. 모두가 안된다고 해도 나만 잘될 수도 있고, 모두가 잘된다고 해도 나만 안될 수도 있는 일이다. 내가 처음부터 호랑이를 그리려고 마음먹었으면 망해도 고양이가 되지만, 내가 처음부터 고양이를 그리려고 마음먹었다면 망하면 낙서가 되어버린다. 어느 날 나는 거울에 비친 나에게 물어보았다. 누구보다 나 자신이 무엇을 망설이는지 가장 잘 알고 있었기 때문이다.

"도대체 난 왜 쓸데없는 다른 사람의 시선을 신경 쓰며 세월을 낭비하고 있니?"

이렇게 나에게 질문을 해보니 적당히 둘러댈 대답도 없었다. 고작 할 수 있는 대답은 "그냥 다른 사람들이 다 그렇게 말하니까"였다. 그래서 나는 나보다 먼저 인생을 살아본 사람에게 물어보고 싶었다. 어떻게 사는 것이 맞는 것이냐고 말이다. 하지만 내가 살고 싶은 삶을 사는 롤모델이 주변에 없었다. 특히 이런 깊은 얘기를 물어볼 사람은 더더욱 없었다. 지금 생각해보면 내 주변에 성공자는 없었다.

그래서 나는 책을 보기 시작했다. 그동안 읽던 위로와 힐링 위주의 도서는 던져버리고 부와 생각에 관한 책을 읽기 시작했다. 인간이 동물과 다른 유일한 점은 생각이다. 그리고 그 생각으로 다른 사람들을 설득하고, 무리를 모을 수도 있고, 기록할 수도 있으며, 그것을 후대에 전파할 수도 있다. 인간이 가진 가장 위대한 힘은 바로 독립적으로 사고하고, 목표를 설정하고, 어떤 행동을 할지 선택할 수 있다는 것이다.

다른 사람들이 '이렇게 살아라'고 해서 사는 삶은 의미가 없다. 각자 자신의 자유의지에 따라 선택하고, 자신이 원하는 삶이 이루어졌을 때 행복한 것이다.

예를 들어 나는 운동을 싫어한다. 누군가에게는 금메달이 목표지만 나는 올림픽에서 금메달을 딴다고 해도 전혀 행복하지 않을 것이다. 하지만 나는 여행을 좋아하고 글쓰기를 좋아한다. 만약 여행을 가서 글쓰기를 할 기회가 주어진다면 아마 나는 최고로 행복할 것이다. 이렇듯 타인의 기준에 의한 삶을 살지 말고, 나만의 확고한 기준을 만드는 것이 중요하다. 그리고 이 기준은 나의 성장 여부에 따라 달라질 수 있다. 예를 들어 1년에 1,000만 원을 모으는 것이 목표였던 사람이 성장하면서 한 달에 1,000만 원을 버는 사람이 되었다면 목표가 1년에 5,000만 원을 모으는 것으로 상향될 수 있다.

직장생활을 했던 20대의 나는 사람들이 흔히 그렇게 되어야 한다는 모습에 가까워지려고 부단히 노력하던 사람이었다. 지금 생각해보니 내가 생각하는 삶을 살기에는 용기가 부족했던 것 같다. 아이디어가 있어서 상담을 해도 모두 그렇게 살면 안 된다고 했다. 만약 그때 꿈에 관해 조언해줄 괜찮은 어른이 있었더라면, 내가 용기를 낼 수 있도록 길잡이가 되어줄 책 한 권을 만났더라면, 아마 내 인생은 더욱 빠르게 달라졌을 것이라고 확신한다. 그때는 내 인생을 너무 타인에게 맡기고 있었다. 함께 사는 부모님이 원하는 대로 살아야 하는 줄 알았고, 함께 일하는 직장 동료들의 삶과 다른 삶은 상상할 수도 없었다.

하지만 내가 원하는 것이 무엇인지 정확하게 알고 있는 지금은 '다른 사람이 어떻게 생각할까?'에 대한 비중이 전보다 훨씬 약해졌다. 내가 가고 있는 길이 행복으로 가는 길인지 아닌지는 자신이 가장 정확하게 알고 있다. 자신이 원하는 길이 아니면 다른 사람들이 아무리 좋다고 해도 하루하루 행복하지 않고 스트레스만 쌓여간다. 뭔가 잘못되고 있다는 생각이 들기도 하고, 이대로 괜찮을까 하고 불안해진다.

내가 공무원일 때, 나를 만나는 100명의 사람들 중 100명이 하나같이 좋은 직업이라고 말했다. 하지만 내가 원하는 삶이 아니었고 롤모델도 없었다. 사회적인 명예나 안정보다 내가 원하는 자유가 더 중요했다. 그리고 물질적으로 풍족하게 살고 싶었고, 이 멋진 세상을 돌아다니면서 모두 누리며 살고 싶은 욕망이 강했다. 그래서 과감히 사표를 품었던 것이다. 나는 '인내' 대신에 '용기'를 선택했다. 가이드 없이 사는 인생이 물론 두려웠지만 더 이상 이렇게 살다간 죽을 것 같았다. 나는 내가 원하지 않는 삶을 살지 않기로 선택했다. 하루에 8시간씩 갇혀서 자유를 잃어가는 감옥이라고 느꼈던 곳에서 탈출했다. 나는 다른 사람들이 가보지 않은 나만의 길을 가기로 스스로 결정했다. 내가 가야 할 길이 확고해지고 나니 타인의 목소리와 주변의 혼란스러움이 아무런 방해 요소가 되지 않았다. 목표가 확실해질수록 생각은 단순해졌다.

하지만 다수의 생각과 반대되는 길을 걷는 것은 생각보다 쉽지 않았다. 내가 따라가야 할 가이드라인도 롤모델도 많지 않았기 때문이다. 주변에서 나와 같은 직업을 가진 사람도 없었고 더욱이 성공자도 없었다. 내가 최초가 되어야 하는 일이었다. 용기 있게 직장을 나왔지만 주변 사람들과 이야기할수록 마음이 불안해질 때도 있었다. 특히 매일 함께해야 하는 가족과 나를 부담스러워 하는 친구들을 보며 이 길이 맞나 생각할 때도 많았다. 그럴 때마다 나는 어떻게 하면 이 불안을 극복할 수 있을까 곰곰이 생각해봤다. '문제'와 '나'를 종이에 그려보니 결론은 의외로 단순했다. 대부분은 내가 해결할 수 없는 문제였고, 다른 사람들의 가치관과 생각도 내가 혼자서 바꿀 수 없는 것이었다. 결국은 내가 나를 계발하고 성장시켜 보여주는 것만이 가장 빠르게 이 문제에서 빠져나가는 길이었다.

나는 가장 먼저 '감사한 일'을 적어 내려가기 시작했다. 종이에 적어보는 것도 좋고, 스마트폰에 손쉽게 적어봐도 좋다.

- 건강한 신체를 주셔서 감사합니다.
- 부모님이 건강하게 있어 주셔서 감사합니다.
- 출근하지 않는 자유를 주셔서 감사합니다.
- 경치 좋은 곳에서 따듯한 커피를 마실 수 있는 여유를 주셔서 감사합니다.
- 그동안 보고 싶었던 친구를 만날 수 있게 해주셔서 감사합니다.
- 오늘도 성장하는 삶을 살게 해주셔서 감사합니다.
- 예쁜 들꽃을 볼 수 있게 해주셔서 감사합니다.

마음의 여유를 갖고 나니 눈앞에 꽃도 보이고 뺨을 스치는 바람도 느껴졌다. 잠시 멈춰 서서 이 순간을 즐길 수 있게 된 것이다. 나도 모르게 "아, 행복해!"라는 말이 입에서 튀어나왔다. 상황을 바꿀 수 없다면 내 생각을 바꾸는 것이 가장 빠르게 불안에서 벗어나는 길이라는 것을 깨달았다.

우리는 두려움이 내 인생을 결정하게 하지 말고, 두려움을 극복하는 삶을 살아야 한다. 실패해도 괜찮다.

가수 출신으로 국제변호사가 된 이소은은 예능프로그램인 〈유 퀴즈 온 더 블럭(유퀴즈)〉에 출연해 과거 자신이 쓴 '실패 이력서'에 관해 이야기했다. 미국에서 공부하던 시기, 로스쿨 입학시험을 크게 망쳤을 때 엄마가 작은 목걸이와 함께 "너의 실패를 축하한다. 이 실패의 경험이 5~6년 뒤에는 너에게 가장 큰 기회로 다가올 거야. 그때의 밑거름이 된 오늘은 너무나 축하할 만한 날이다"라는 글을 담은 카드를 보내주셨다고 한다.

실패는 진정한 실패가 아니다. 그 과정에서 성장도 함께 존재하기 때문이다. '도전해서 실패하면 어떻게 하지?' 하는 생각은 던져버리기 바란다. 내가 원하는 길을 걷는 것은 생각보다 즐겁고 그것을 한 번이라도 느껴본 사람은 '내가 왜 지금까지 시간을 낭비하며 살았을까' 하고 후회하게 될 것이다. 사람들은 늘 행복으로 가는 길을 찾고 있지만, 실제로 우리가 걸어가는 길이 '행복' 그 자체인 것이다. 일어나지도 않은 일을 두려워할 필요는 없다. 당신은 이미 문제를 해결할 열쇠를 가지고 있기 때문이다.

결과에 따라 보상받는 삶을 살아라

　'매달 200만 원'의 굴레에서 나를 꺼내주며 인생을 바꿔준 책이 있다. 바로 하브 에커(T. Harv Eker)의 《백만장자 시크릿》이다. 이 책을 읽기 전에는 어릴 적부터 들어온 말들처럼 공부 열심히 해서 좋은 직장에 들어가고 회사를 오래 다니는 것이 전부인 줄 알았다. 하지만 이 책에서는 다음과 같이 말한다. "부자는 결과에 따라 보상받는 것을 선택한다. 가난한 사람은 시간에 따라 보상받는 것을 선택한다." 아마 대부분의 사람들이 그렇겠지만 나 역시 평생을 열심히 살아왔다. 그렇지만 직장인 시절 월급이 단 한 번도 300만 원을 넘어본 적이 없다. 딱 한 번 인사과의 실수로 두 달치 월급이 한번에 들어온 적이 있다. 그때 처음으로 '이렇게 많은 월급을 받으면 얼마나 행복할까?'라는 생각을 했다.

　20대에는 월급이 215만 원이었고, 세금을 떼고 나면 198만 원 정도의 월급이 매달 통장에 찍히곤 했다. 그 돈으로 보험비, 적금, 카드값을 내고 나면 늘 통장 잔고는 부족하기 일쑤였다. 4년제 대학을 졸업하고 유학을 다녀오고 대학원까지 공부했는데 나의 가치가 고작 300만 원도 안 된다고 생각하니 서글프기만 했다. 무엇보다 속상했던 건 여기서 딱히 드라마틱하게 바뀔 일이 없는 내 인생이었다.

이때는 학교에서 근무하던 시절인데, 항상 얼굴을 마주보고 일하는 선생님들은 부부교사를 최고로 생각했다. 월급을 받으며 쉴 수 있는 방학이 있고, 4시 반에서 5시면 칼퇴근을 할 수 있으며, 근속연수가 길어질수록 월급이 많아져서 안정적으로 살 수 있다는 이유에서였다. 하지만 나는 더 자유롭고 싶었고, 더 많은 돈이 벌고 싶었으며 젊은 나이에 더 많은 경험을 하고 싶었다. 주변 선생님들과 나의 미래에 대해서 함께 대화하곤 했지만 나는 늘 허황된 꿈을 꾸고 있다는 취급을 받았다.

어릴 적부터 부모님은 '안정성'에 대해 강조하셨다. 그럴 만도 한 게 부모님께서는 평생 자영업을 하시며 나와 동생을 키우셨다. 맞벌이 가정이지만 좀처럼 나아지지 않는 형편이었던 탓에 시간만 지나면 월급이 따박따박 나오는 직장인이나 공무원이 부러우셨을 법도 하다. 어릴 적 부모님의 영향으로 직업을 선택하는 데 1순위는 항상 안정성이었다. 매달 월급이 밀리지 않고 나오며 최대한 오래도록 다닐 수 있는 곳을 선호했다. 하지만 20대를 보내고 30대에 접어들었지만 내가 꿈꾸는 좋은 날은 오지 않았다. 월급만 빼곤 다 올랐고, 업무는 갈수록 쉬워져야 하는 게 정상인데 익숙해질 만하면 바뀌는 업무 때문에 갈수록 일은 어려워져갔다. '시간이 지날수록 월급은 늘고, 일은 익숙해지면서 쉬워져야 하는 거 아닌가?' 하는 의문이 들기 시작했다.

〈백만장자 시크릿〉에서는 어떤 형태이든 자기 사업을 시작히리라고 말한다. 전업이든 부업이든 자기 사업을 해야 부자가 된다고 강조하며 꼭 반짝이는 사업 아이디어가 없더라도 걱정하지 말라는 위로를 전한다. 충분히 다른 사람의 아이디어를 활용해 부자가 될 수 있고, 행복과 돈 모두를 가질 수 있다고 말이다. 나는 무릎을 탁 쳤다. 내가 원하는 것이 바로 '행복과 부' 2가지였다. 만약 나에게 충분한 자본과 비전이 보이는 사업 아이템이 있었다면 나만의 사업을 시작했을 수도 있다. 하지만 작은 가게라도 오픈하려고 치면 최소 5,000만 원에서 1억 원의 자기자본이 필요했다.

처음부터 잘될 것이라는 보장이 없기 때문에 6개월 정도의 여유자금은 필요하다는 것을 알고 있었다. 나에게는 그럴 만한 자금도 없었고, 마음 편히 기댈 부자 부모님도 없었다. 그리고 만약 어렵게 부모님이 도와주신다고 해도 사업의 '사' 자도 모르는 내가 실패 없이 잘해낼 자신도 없었다. 하지만 자유롭게 살고 싶다는 욕구만큼이나 주어진 일을 열심히 해낼 자신은 있었다. 무엇보다 계속 이렇게 살다간 절대 행복한 삶을 살지 못하겠다는 생각이 들었다. '이 정도면 괜찮아'라고 합리화하고 있었지만 가슴속 깊숙한 곳에서 '이대로 정말 괜찮을까?'라는 생각이 꿈틀대기 시작했다. 나는 마음의 소리에 귀 기울이기 시작했다.

그래서 나는 과감하게 결과에 따라 보상받는 삶을 선택하기로 했다. 2017년 10월, 나는 그 달을 잊지 못한다. 다니던 학교를 그만두고 처음으로 네트워크 마케팅 사업에 뛰어들었던 날이다. 직장을 그만뒀으니 당연히 월급은 없었다. '아, 이제 어떻게 하지?' 막막함과 두려움이 눈앞을 가렸다. 잘될 거라는 마음도 있었지만 반면에 '나는 아직 할 줄 아는 게 아무것도 없는데 당장 이번 달에 뭐 먹고 살지?'라는 두려움과 현실적인 문제들이 더 크게 와닿았다. 혼자 생각할수록 생각이 꼬리에 꼬리를 물고 거대한 파도처럼 커져서 나를 덮쳐버릴 것만 같았다. 스트레스 탓인지 이 시기에 파도가 나를 덮치는 꿈을 자주 꾸곤 했다.

나는 '문제'를 선택할 수도 있었고 '방법'을 선택할 수도 있었다. 문제만 안고 있다고 해서 저절로 해결되지는 않는 법이다. 나는 계획을 세우기 위해 달력을 펼쳤다. 두 눈을 비비고 다시 달력을 바라봤다. 10월 1일 국군의 날, 10월 3일 개천절, 10월 4일부터 7일까지 추석연휴, 8일이 일요일, 그리고 10월 9일 한글날까지, 무려 9일 동안 쉴 수 있는 황금연휴였던 것이다. 달력의 3분의 1이 빨간 날인 걸 보니 다시 막막해졌다. 사람 마음이 참 간사한 것이 직장에 다녔을때는 출근 안 하고 월급이 나오는 빨간 날만 기다리면서 살았는데, 막상 퇴사하고 내가 사장이 되어보니 노는 날이 싫어지기 시작했다. '만나야 하는 사람들이 전부 놀러 갈 텐데 어쩌지' 하며 발을 동동 구르다 일단 적어보기로 했다. 그동안 제품을 애용했던 사람들, 사업에 관심이 있었던 사람들을 쭉 써내려가며 전화를 하고 만날 약속을 잡기 시작했다.

10월 1일, 열 명 정도에게 전화를 걸어 만날 약속을 잡았다. 만남까지 이어진 경우는 열 명 중 한두 명이었다. 10월 2일, 또다시 열 명 정도에게 전화를 걸어 만날 약속을 잡았디. 이번에도 역시 한두 명 정도 약속을 잡았다. 10월 1일에 전화해서 약속 잡았던 사람들 중 한 명을 10월 2일에 만났다. 나는 그 소비자에게 제품을 저렴하게 구매하는 방법과 제품 홍보활동으로 돈까지 벌 수 있는 정보를 알려주었다. 그 소비자는 흔쾌히 좋은 정보를 주어 고맙다며 나의 첫 파트너가 되었다. 나는 이틀 만에 250만 원을 벌었다. 그동안 한 달 내내 출근해서 번 월급보다도 많은 금액이었다. 물론 내가 전화했던 열 명 중에 10%만 구매로 연결됐지만 나는 전화 한 통화에 25만 원씩을 번 셈이었다. 이렇게 계산해보니 전화를 하는 게 너무 재미있어졌다. 100통의 전화를 하면 2,500만 원이 아닌가!

우리는 매일 새로운 시대를 산다. 어제의 정보는 낡은 정보가 되어버린다. 지금은 농경사회가 아니다. 봄 다음에 여름이 오는 자연의 법칙이 아닌, 오늘 주가가 얼마인지, 오늘 환율이 얼마인지, 오늘 어떤 정보가 검색창에서 1위를 하는지에 따라 누군가는 돈을 벌고, 누군가는 돈을 잃는 시대에 살고 있다. 우리는 이러한 새로운 시대에 맞춰 평생 새로운 직업을 찾는 '잡 서처(Job Searcher)'가 되어야 한다. 과거 사회가 정해놓은 한 가지 직업만으로는 만족스러운 삶을 살 수 없기 때문이다. 나 역시 모두가 선호하는 7급 공무원이라는 감옥을 탈출해 자유를 찾은 지 5년이 지났다. 출근을 할 필요도 없고 매일매일 보고를 할 필요도 없다. 대신 내 스케줄을 자유롭게 정하고, 내가 원하는 시간에 원하는 장소에서 얼마든지 일할 수 있다. 시간적 공간적 그리고 경제적 자유까지 갖춘 진정한 디지털 노마드가 된 것이다.

시간의 자유가 생기면서 평일에 전시회를 보러 가고 평일 아침에 영화를 보러 갈 수 있다. 사람이 없는 시간에 누릴 수 있는 것이 많아지면서 같은 돈을 내고 훨씬 양질의 시간을 보낼 수 있다.

워라밸(워크 라이프 밸런스의 줄임말)을 뛰어넘는 일과 라이프가 일치된 삶을 살고 있다. 여행하면서도 스마트폰을 활용해 정보를 전달할 수 있고, 인터넷만 있다면 어느 곳에서나 주문과 결제를 할 수 있다. 그리고 팀들과 전화통화를 하며 계획과 전략 회의를 할 수도 있다.

아마 내가 평범한 직장인으로 살았다면 누릴 수 없었던 인생의 변화들이다. 직장생활을 하면 단순히 시간과 돈을 서로 교환하는 것뿐만 아니라 부자가 될 수 있는 기회도 잃어가고 있다는 사실을 그때는 알지 못했다. 돈이 되는 정보를 들을 수 있는 기회, 부자가 되는 정보를 알려주는 사람들을 만나는 일, 부자가 되는 정보를 찾아볼 기회를 모두 잃고 있는 것이다. 나는 이제 더 이상 현대판 노예로 살지 않는다.

언제든 대체될 수 있는 부품처럼 살았던 삶에서 지금은 누구도 대체할 수 없는 나만의 멤버십을 만들며 경제적 자유까지 이루어가는 중이다. 혹시 지금의 삶이 답답하고, 더 멋지게 살고 싶은 욕구가 있는 사람이라면 당장 준비하길 바란다. 어쩌면 당신은 닭들 사이에 있는 백조일지 모르니 말이다. 이제는 시간이 아닌 결과에 따라 보상받는 삶을 살며 자신의 가치를 높이길 바란다.

반쪽짜리 성공보다 완전한 성공을 꿈꿔라

대기업에 취업하거나 공무원이 되었다고 당신이 성공한 인생을 사는 것일까? 일부는 그렇다고 할 것이고 일부는 아니라고 할 것이다. 나는 '아니다'에 한 표를 던진다. 왜냐하면 그래봤자 평일 5일은 주말을 기다리며 버티는 삶을 사는 사람들이 더욱 많기 때문이다. 돈을 주지 않으면 출근할 직원들이 몇이나 있을까? 회사가 진정으로 잘되기를 바라는 직원이 몇이나 있을까? 회사가 즐거워서 출근하는 직원이 있기는 할까? 그렇다면 완전한 성공이란 무엇이며, 완전한 성공을 위해 해야 할 것은 무엇일까?

2020년, 절대 이루어지지 않을 것 같던 내 어릴 적 소원이 이루어지는 모습을 내 눈으로 확인했다. 바로 전염병이 돌아서 학교를 가지 않는 상황이 닥친 것이다. 어렸을 때는 눈병에 걸려서 학교를 가지 않으려고 일부러 눈병이 걸린 친구의 손수건을 눈에 비벼본 적도 있다. 하지만 전례 없는 팬데믹(Pandemic)이 전 세계를 휩쓸고 간 이 낯선 세계에서 우리는 어떻게 살아남아야 하는 것일까? 심지어 사람과 만나는 직업을 가진 나 역시 사람을 만날 수 없다는 사실에 몹시 혼란스러웠던 것도 사실이다. 전문가들은 이제 다시는 코로나 이전으로 돌아갈 수 없다고 이야기한다. 그렇다면 사람과 사람이 만나서 소통할 수 없는 시대에서 우리는 어떤 가치를 가지고 살아남아야 할까?

마이크로소프트사의 직원들은 분기별로 서로에게 묻고 답하는 질문이 있다고 한다.

"다른 사람의 성공을 위해 당신이 기여한 것은 무엇인가요?"

나 역시 그동안 한 번도 생각해보지 않은 질문이라 처음에는 대답하기 어려웠다. 하지만 우리 사업과 연관을 지어 곰곰이 생각해보니 회사의 이념과도 일맥상통했다. '상생평생'에서 상생이라는 말은 상호의존적인 관계를 말한다. 평생 함께 잘 먹고 잘 살자는 뜻이 내포되어 있다. 즉, 내 파트너가 잘되야 나도 잘되는 것이 네트워크 마케팅 사업의 핵심이다.

그동안 생각했던 혼자만 잘 먹고 잘 살아야 한다는 반쪽짜리 성공 대신에 이제 나는 다 같이 잘 먹고 잘 살고 싶은 완전한 성공을 꿈꾼다. 사람과 사람이 서로를 멀리하고, 꺼리는 사회 분위기 속에서 서로에게 영향력을 행사하고 파트너십을 더욱 견고하게 하는 것이 오래 살아남는 비법이라고 생각한다. 과거 직장에 다닐 때는 감히 상사에게 나의 의견을 말한다는 것은 있을 수 없는 일이었다. 그리고 기관의 장이 시키는 일은 무조건 "YES"라고 답하고, 안되는 일도 되게 해야 하는 것이 조직의 문화였다. 하지만 이제 시대는 완전히 변했다. 과거의 수직적인 문화를 가진 조직은 살아남을 수 없다. 서로의 의견을 공유하고 서로 신랄하게 비판할 줄도 알아야 성장도 있다. 이제는 수평적인 조직운영과 누가 투입되어도 운영될 만한 시스템을 구축하는 것이 관건이다.

요즘 젊은이들에게는 평생직장이란 개념이 거의 없다. 대기업에서 일을 배우고 자신의 회사를 차리는 것이 목표인 사람이 많다. 주부들도 스마트 스토어 공부를 해서 창업을 하고 싶어하고, 취미나 재능이 있는 사람들은 유튜브 채널을 운영하며 1인 기업가가 되고 싶어한다. 즉 회사도 직원의 노후를 보장해주지 않지만 직원 역시 회사에 오래 몸담을 생각이 없는 경우가 많다. 그만큼 사람들의 의식이 빠르게 변해가고 있는 것이다.

그렇기 때문에 네트워크 마케팅 사업도 스스로 참여할 수 있는 단계별 시스템을 만들어주고 누구나 시작해도 쉽게 다음 단계로 갈 수 있게 하는 것이 중요하다. 함께하는 것이 재미있어서 친구에게 소개하게 되고, 내 경험을 전달함으로써 사업 전달이 되게 하는 방법이 자연스럽게 파트너를 늘릴 수 있는 최고의 방법이다. 꼭 돈을 많이 번다고 해서 네트워크 마케팅 사업에 뛰어들지는 않기 때문이다.

네트워크 마케팅 사업이 직장과 다른 점은 수입에 한계가 없다는 것이다. 그렇기 때문에 늦게 시작해도 빨리 시작한 사람보다 더 많은 월급을 받을 수 있다. 실제로 시작한 지 6개월 이내에 최고 직급을 달성한 파트너들은 나보다 훨씬 많은 월급을 받아간다. 하지만 성과가 높다고 해서 모두 인품이 좋은 것은 아니다. 그리고 성과가 없다고 해서 열심히 하지 않는 것도 아니다. 여기서 소통의 문제가 발생한다. 일반 직장은 상사의 말을 따르면 되지만 네트워크 마케팅 사업의 조직은 무조건 스폰서의 말을 듣는다고 해서 내 월급이 늘어나는 것은 아니기 때문이다. 디테일한 소통과 진정한 파트너십만이 진정으로 성장하는 네트워크 마케팅 시스템을 만든다.

나는 우리 팀원들 한 명, 한 명을 굉장히 좋아한다. 그럴 만도 한 게 각자 개성과 매력이 너무 다르다. 만약 판매를 잘하는 사람이 돈을 벌기 위해서는 판매를 해서 자신의 수익을 높이면 되지만, 나는 능력이 없는 사람일수록 네트워크 마케팅 사업을 해야 한다고 주장한다. 왜냐하면 네트워크의 팀 사업을 통해 부족한 부분을 보완할 수 있기 때문이다. 말을 잘 못하면 말을 잘하는 팀원이 도울 수 있고, 아직 돈을 많이 벌지 못하면 돈을 많이 버는 팀원을 활용할 수 있다. 서로의 장점과 재능을 최대한 이끌어내어 적재적소에 자신의 재능을 발휘할 수 있도록 하는 것도 성공의 한 요소다.

만약 팀원들이 리더의 눈치를 보거나 해야 할 말을 하지 못하게 되는 순간 분위기가 다운되고, 그 분위기를 팀원들이 알아채게 된다. 그렇게 되면 매출은 자연스럽게 떨어진다. 서로의 눈치를 보는 시간에 어떻게 하면 신규 파트너를 더 리크루팅할 것인가에 포커스를 맞추는 편이 서로의 성장에 더욱 도움이 된다. 파트너들 서로가 눈치 보지 않는 미팅을 통해서 서로에게 좋은 영향력을 주고, 그 문화가 복제가 되면서 진정한 파트너십이 형성된다면 분위기가 좋아지고 매출과도 자연스럽게 연결된다.

이 과정에서 가장 중요한 포인트는 바로 팀원들의 의식 성장이다. 나는 계속 긍정적인 방향으로 끌고가는데 중간에서 부정적인 의식으로 가로막고 있는 팀원이 있다면 조직을 이끌어가기 굉장히 힘들 것이다. 팀원들은 대부분 2가지 마인드로 나뉜다. 첫 번째는 자신이 똑똑해 보이려는 팀원이다. 이들은 도전 상황은 회피하려 하고 편안한 방법을 선호한다. 그리고 어려워 보이는 승급 도전은 미리 포기해버린다. 실패는 나의 이미지에 해가 되기 때문에 절대로 해서는 안 되는 일이고, 맞는 말이지만 부정적인 피드백은 잔소리로 치부해버린다. 마지막으로 다른 사람들이 성공을 하면 질투를 하거나 열심히 해서가 아니라 다른 꼼수를 써서 승급했을 것이라고 생각하며 위협을 느낀다.

반면, 성장에 초점을 맞춘 팀원들은 뭐든 배우려고 한다. 도전을 하는 것을 즐거워하고 어려움도 기꺼이 감수한다. 실패를 통해서 노하우를 얻는다고 생각하고 먼저 피드백을 요청한다. 먼저 성공한 사람들에게 비법을 물어보며 자기 것으로 만든다. 이들은 심지어 그 노하우를 아래 팀원들에게 전달하면서 복제까지 시킨다. 시간이 지난 뒤 이들은 더욱 빠르게 성장하고 수입도 엄청나게 늘어나는 것을 많이 봐왔다.

처음에는 나도 회사의 성장이 곧 나의 성장이라고 생각했다. 하지만 시간이 지나고 같은 회사에서 일하는데도 누구는 잘되고 누구는 안되는 모습을 지켜봤다. 나는 잘되는 부류에 들고 싶었다. 그래서 잘되는 사람들을 찾아가 물어보고 그들의 노하우를 하나씩 나에게 적용해보기 시작했다. 일을 진행하는 과정에서도 내가 맞게 가고 있는지 알 수 없기 때문에 항상 상담을 통해 점검받는 일을 게을리하지 않았다.

흔히 '성장'이라고 하면 유아기에서 유년기, 그리고 성인으로 성장하는 과정을 떠올린다. 네트워크 마케팅 사업에서 파트너를 양성하는 과정도 비슷하다. 나이를 불문하고 아이들은 밥을 혼자서 먹을 수 없다. 엄마가 떠먹여주다가 어느 순간 혼자 먹게 되는 것이다. 자전거를 타는 것도 마찬가지다. 뒤에서 잡아주면 훨씬 안정감 있게 잘 탈 수 있다.

네트워크 마케팅 사업도 절대 혼자서 하는 사업이 아니다. 알려주고 같이 해주고 점검해주는 사업이다. 서로가 잘하는 것을 누군가의 성공을 위해 기여할 때 완전한 성공을 이룰 수 있게 된다. 회사의 성장도 중요하지만 결국 개인의 의식 성장이 완성되었을 때 진정한 파워 있는 팀이 구축되는 것이다. 하던 대로 계속하는 사람에서 성장하기로 마음먹는 순간 당신도 성공자의 반열에 올라설 것이다.

지금 하는 생각이 미래의 부를 결정한다

사람들은 평균 27,000일을 산다. 사고가 일어나지 않는다면 비슷한 수명으로 똑같은 시간을 살아가는데, 왜 어떤 사람은 평생을 방황하며 가난하게 살아가고, 왜 어떤 사람은 보통 사람이 상상할 수 없을 정도의 큰 부를 이루고 살아갈까?

어떤 일이든 최고가 되려면 최고의 코치를 찾아가야 되는 법이다. 김연아 선수 뒤에는 최고의 코치가 있었고, 박세리 선수 뒤에도 최고의 코치가 있었다. 그들의 성공 비결과 동기, 그리고 사고방식은 저마다 다르겠지만 우리는 성공한 사람들의 공통된 점만 모아서 빠르게 배우고 우리의 삶에 적용하면 된다. 우리가 다이어트 방법을 몰라서 못하는 것이 아니라 결국 우리 의지의 문제인 것처럼 부자가 되는 것도 결국 자신을 얼마나 통제할 수 있는지의 문제인 것이다.

따라서 얼마나 간절하게 부자가 되고 싶은지에 따라 부자습관을 지속하는 날이 늘어나고, 결국 원하는 목표를 이루게 되는 것이다. 라파엘 배지아그(Rafael Badziag)의 《억만장자 시크릿》은 전 세계의 1조 원 이상 부자 21인을 인터뷰한 책이다. 이 책을 보면 억만장자들이 꼭 지키는 5가지 습관이 있는데, 생각보다 대단한 것이 아닌 아주 간단한 것들이다. 이렇게만 해서 억만장자가 될 수 있다면 한 번쯤 따라 해봐야 하지 않을까?

첫째, 일찍 일어나는 것이다. 나 역시 아침 7시에 스타벅스에 가서 미라클 모닝을 한다. 하루 일정을 정리하기도 하고 글을 쓰기도 한다. 분주한 일상 속에서 혼자만의 시간을 갖는다는 것은 해본 사람만이 아는 매력적인 일이다. 여기서 중요한 것은 일찍 일어난다는 것이 꼭 잠을 적게 잔다는 것은 아니다. 자신의 컨디션에 맞춰 수면 시간을 조정할 수 있다. 하지만 나처럼 새벽 시간에 노는 것을 좋아하는 사람이라면 수면 시간을 조정할 필요도 있다. 그리고 정말 아침에 일어나기 힘든 사람이라면 아침에 친구와 스타벅스에서 만난다든지 아침 산책을 같이한다든지 하는 약속을 잡아보는 것도 좋다.

둘째, 건강관리다. 건강을 잃으면 아무리 크게 성공했더라도 누릴 수 없기 때문이다. 오래도록 행복한 삶을 살기 위해서는 매일 꾸준히 운동하고 균형 잡힌 식습관을 유지하는 것도 중요하다. 나 역시 꾸준한 운동이 가장 힘들다. 그래서 헬스장에서 PT를 끊어 돈으로 우선순위를 바꿔보기도 했다. 또 혼자 살다 보니 건강한 식습관을 챙기기 힘들어 영양가가 골고루 들어 있는 선식을 통해 영양소를 채우기도 한다. 그리고 가끔 음주는 하지만 흡연은 하지 않는다. 가장 간단하게 건강을 챙길 수 있는 방법 중 하나는 영양제를 잘 챙겨 먹는 것이다. 보통 집에 영양제가 쌓여 있지만 귀찮다는 이유로 매일 미루는 사람들이 많다. 건강을 지키고 싶다면 매일 건강식품 챙겨 먹기부터 시작해보는 것을 추천한다.

셋째, 독서다. 아무 책이나 많이 읽는 것보다는 내가 성공하고 싶은 분야의 롤모델을 찾아가 책을 추천받는 것이 좋다. 어떤 글을 입력하느냐에 따라 생각이 바뀌고, 출력값이 달라지기 때문이다. 많은 책을 읽는 것보다 좋은 책 한 권을 100번 읽는 것이 낫다. 밑줄을 긋고 생각도 써보며 두 번 정도 읽고 내 것으로 만든 뒤, 같은 책을 다시 사서 보는 것을 추천한다. 아마 처음에 책을 읽고 성장했다면 두 번째 읽을 때는 분명 밑줄 그어진 부분이 달라졌을 것이다.

넷째, 부자되는 루틴 만들기다. 억만장자들 역시 날마다 자신 안에 있는 게으름뱅이와 싸워야 한다. '오늘은 몸이 안 좋으니 운동을 쉴까?', '오늘은 조금 더 자고 싶은데, 그냥 늦잠 자자' 하고 매일 나를 유혹한다. 하지만 억만장자들은 자신과의 규율을 정하고, 부자되는 습관을 만들려고 노력한다. 나 역시 체계적인 사람이 아니었다. 하지만 나 자신조차 통제하지 못하면서 누군가에게 무슨 말을 하겠나 하는 생각으로 나 자신과 싸워 이기기로 했다. 그래서 스케줄표를 만들고 할 일을 체계화하면서 노력하는 나의 모습을 단체 카톡방에 공유하고, 이를 통해 팀원들에게도 매일 동기부여를 한다. 매일 아침 일찍 일어난 모습을 보고 응원의 의미로 커피 쿠폰을 보내주시기도 하고, 다른 지역에서는 팀원들끼리 모여 미라클 모닝을 하기도 한다. 이런 응원의 목소리를 들으면 내가 선한 영향력을 전파하고 있는 것 같아 매우 보람되고 기뻐서 더 열심히 하게 된다. 좋아 보여서 따라 하고 싶어지는 것, 이것이 진정한 복제가 아닐까?

마지막 습관은 이 4가지 습관 모두에 대해 자신과 절대 타협하지 않는 것이다. 한번 목표한 바는 수단과 방법을 가리지 않고 해내는 습관이야말로 부자들이 가진 가장 강력한 무기다. 해보지도 않고 늘 핑계만 대는 사람들은 꼭 이 분야에서 뿐만 아니라 다른 분야에서도 절대 성공하지 못한다. 스노우폭스 김승호 회장의 저서 《돈의 속성》에서는 돈에도 '인격'이 있다고 말한다. 돈도 인격체기 때문에 환경이 좋은 곳에서 놀고 싶어하고, 자신을 귀하게 여겨주는 곳을 좋아한다는 것이다. 내가 돈이 넘치게 흘러들어올 만한 환경을 만들어주었을 때 돈도 친구들을 데리고 나에게로 오는 것이다.

내 지인 A는 서울 근교에 임대아파트를 분양받았다. A를 몇 년 만에 만났을 때 A는 나에게 "서울 하늘 아래 내 집이 생겨서 너무 기뻐! 평생 이 집에 살 수 있을 것만 같아"라고 말했다. 하지만 몇 개월 뒤 A는 실망

한 목소리로 고민을 털어놓았다.

"아이들 학교 보내고 다른 학부모들과 이야기했는데 몹시 충격을 받았어. 대부분이 외벌이에 아빠들이 300만 원 정도 되는 월급을 받아오는데, 더 많이 벌고 성장할 생각 대신에 '아끼며 살아야지' '우리 정도면 훌륭해'라는 마인드를 가지고 있는 거야…"

A는 그날 당장 남편과 이야기해 학군이 더욱 좋은 곳으로 이사 계획을 세웠다고 했다. 이사 이후 남편과 식품 사업을 시작했고, 크고 작은 우여곡절을 겪었지만 지금은 중소기업으로 성장시켜 큰 성공을 이루었다.

부자가 되는 가장 빠른 방법은 바로 '지금 하는 생각'을 바꾸는 것이다. 가난한 생각을 계속하면서 어떻게 부자가 되기를 바라는가! 내가 말하는 '부'는 마구 사치를 하며 사는 것이 아니다. 부를 구축함으로써 자유를 사고, 스스로 원하는 인생을 살기 위함이다. 내가 생각하는 경제적 자유란 일하지 않아도 지출보다 수입이 더 많은 상태를 말한다. 그렇게만 된다면 일을 할 필요가 없거나 시간을 조절해서 일할 수 있고, 사랑하는 가족들과 일주일 동안 해외여행을 다녀올 수도 있다. 평일에 캠핑을 떠나기도 하고, 몇 달간 크루즈 여행을 하며 업무를 볼 수도 있을 것이다.

당신이 만약 아직도 부자는 천천히 되는 것이라고 생각한다면 당신이 인생을 즐길 시기는 60세 넘어서나 찾아올 것이다. 당신이 긴 노동의

터널을 통과해 마침내 결승점에 도달했을 때 당신을 반겨주는 것은 고작 사라져버린 젊음과 평생 아껴 써야만 하는 돈일 것이다. 당신이 진정 바라는 삶이 이런 것인가? 아마 아닐 것이다. 지금 부자가 아니라면 지금 당신이 하는 생각을 모두 멈춰야 한다. 그리고 반대로 해보는 것이다. '나는 할 수 없을 거야!'라고 생각했다면 '나는 할 수 있어. 모르면 배워서 하지 뭐!'라고 말이다. 나이를 떠나 당신의 의지만 있다면 무엇이든 할 수 있다. 사람들은 모두 긍정적인 사람들을 좋아하지만 만약 돈 때문에 스트레스를 받거나 당장 밀린 카드값을 내야 한다면 당신의 삶은 긍정 대신 짜증과 불안으로 가득 찰 것이다.

이제부터라도 되는 대로 사는 대신 생각을 먼저 하는 사람이 되어야 한다. 바이브컴퍼니 송길영 부사장은 그가 진행하는 '폴인세미나'에서 다음과 같이 말했다.

"생각이 자본인 시대, 당신의 모든 것이 메시지다."

'Just Do It' 대신에 'Think First'가 돼야 한다. 이제는 위드코로나시대, 모든 것이 자동화로 변해가고 있는 시대다. 시간과 돈을 교환하는 시장을 넘어 생각과 전략을 공유하는 시대에서 살아남아야 한다. 열심히 산다고 해서 모두가 부자가 되지는 못한다. 이제부터는 '부'에 관해 공부하고 '부'에 대해 생각하자. 지금 하는 생각이 당신의 미래 통장 잔고를 결정할 것이다.

CHAPTER 3

나는 네트워크 마케팅 사업으로
건물 없이 월 2,000만 원 번다

네트워크 마케팅 사업은
'합법적 사업'에서 출발한다

내가 네트워크 마케팅 사업을 처음 만난 날이 생각난다. 공무원 업무에 지쳐 있던 나에게 피부가 반짝거리는 언니들이 다가왔다.

"다음 주에 우리 회사에서 보내주는 해외여행 가! 다녀와서 그다음 주에 만나자."

"언니, 어디로 가요? 같이 가는 거예요? 너무 좋겠다!"

"응, 우리 호주 시드니로 가. 회사에서 보내주는 거니까 당연히 같이 가고 전부 무료야!"

"우와, 언니 너무 부러워요. 호주 진짜 좋은데…, 잘 다녀오세요!"

언니들과 헤어진 후 나는 생각에 잠겼다.

'해외여행을 공짜로 보내주는 회사가 있다고? 이렇게 멋진 회사가 존재한다니!'

나는 갑자기 어떤 회사인지 궁금해졌다. 처음에는 제품 이름을 검색

했는데 제품 이름과는 다른 회사가 나와서 깜짝 놀랐다. 제품은 R로 시작하는 브랜드였는데 회사는 C로 시작하는 회사였다. 처음에는 제품 이름이 회사 이름인 줄 알았는데 회사 이름은 따로 있고 그 회사에 속한 브랜드 이름이라는 것을 알게 되었다.

공무원 출신이었던 나는 나름 정보검색사 자격증도 있었다. 나름 똑똑하다고 자부했던 나는 관심 있는 비즈니스를 빠르게 검색하기 시작했다. 네트워크 마케팅이 무엇인지도 몰랐던 나는 인터넷 검색으로 네트워크 마케팅 사업에 대해서 하나씩 알게 되었다. 그런데 알면 알수록 너무나 매력적인 직업이었다. 출퇴근도 없이 소자본으로 시작해 평범한 사람이 부자가 되는 사업이라니! 나는 머리가 몽롱해지는 충격을 받았다.

정말 말하는 대로만 이루어진다면 얼마나 좋을까! 그렇게 나는 네트워크 마케팅 사업에 발을 딛게 되었다. 출근이 없다 보니 아직도 상당수의 네트워커들이 쳇바퀴 도는 삶을 살고 있다. 매일 아침 오늘은 뭐하지, 오늘은 누구를 만나지로 시작해 수다를 떨며 커피를 마시다 하루를 마무리하곤 한다. 내가 팀 내 시스템을 구축해 줌 강의를 하는 이유도, 이 책을 쓰는 이유도 갈피를 잡지 못하는 파트너들에게 조금이라도 도움이 되었으면 하는 마음에서다.

처음 내가 네트워크 마케팅 사업을 시작했을 때 사람들은 모두 불법 네트워크를 하는 사람을 바라보는 눈빛으로 나를 쳐다보았다. 어떻게 진행되는지 들어보지도 않고 일단 "나는 다단계 안 해"라고 거부하는 모습을 많이 보았다. 가장 가까운 가족과 친구들에게 거절당할 때가 가장 속상하고 답답했다. 그때 나의 자존감도 많이 낮아졌던 것 같다. 아마 이 사업을 시작하는 초보 네트워커들도 나처럼 이런 상황을 겪게 될 수도 있다. 하지만 걱정하지 말라고 이야기해주고 싶다. 정말 제대로 된 회사를 찾고, 나와 마음이 맞는 능력 있고 정직한 스폰서를 만나서 올바르게 사업을 진행한다면 당신도 머지않아 무너지지 않는 튼튼한 조직을 갖게 될 것이기 때문이다.

나 역시 처음에는 다른 사람들과 똑같이 생각했던 적이 있다. 그렇게 생각해보니 다른 사람들이 불법 피라미드라고 생각하는 것도 이해가 되었다. 그래서 나는 사람들이 어떻게 하면 조금 더 빠르고 쉽게 이해할까 많이 고민했다. 스폰서에게 물어보기도 하고 네트워크 관련 서적을 여러 권 보면서 불법 피라미드와 네트워크 마케팅이 엄연한 차이가 있다는 사실을 알게 되었다.

본래 다단계 판매는 '방문판매 등에 관한 법률 제2조 제5호'에 따라 판매업자에 속한 판매원이 특정인을 해당 판매원의 하위 판매원으로 가입하도록 권유하는 모집 방식이 있고, 판매원의 가입이 3단계 이상 단계적으로 이루어지고, 판매업자가 판매원에게 후원수당을 지급하는 방식을 가지고 있는, 다단계 판매 조직을 통해 재화 등을 판매하는 것을 말한다.

대한민국에서는 언론과 다양한 매체를 통해 '불법 피라미드'의 이미지가 너무나 안 좋게 인식되어 있다. 그럴 만도 한 것이 영화 〈마스터〉

의 모티브가 되었던 조희팔 사건으로 대한민국이 발칵 뒤집어졌던 적이 있었기 때문이다. 제이유 네트워크는 옥장판과 같은 물건을 사면 수당을 250%까지 풀어준다는 수법으로 9만 명에게 약 2조 원가량의 피해를 발생시켰다. 이후 조희팔은 의료용품 피라미드 회사를 통해 3만 명에게 4조 원을 가로채는 사기행각도 벌였다. 현재 대한민국에는 여전히 약 3,000여 개의 불법 피라미드가 존재한다.

이 사건 이후 정부에서는 강력한 법령을 제정해 오직 140여 개의 업체만을 '합법적인 회사'로 인정해 활동을 허가하고 있다. 합법적인 다단계 업체는 '직접판매공제조합'과 '한국특수판매공제조합'과 같은 공제조합에서 조회가 가능하다. 이러한 다단계 업체에 판매원으로 가입하는 다단계 판매원은 판매업자로부터 판매원의 수당에 영향을 미치는 다른 판매원들의 재화 등의 거래 실적, 조직관리 및 교육훈련 실적 등에 따른 후원수당을 지급받는다. 이들은 공제조합에 가입해 회사 매출의 일정 금액을 조합에 예치하고, 회사에 문제가 생겼을 경우 조합에서 회사 대신 피해보상을 해주는 일종의 보험회사 같은 시스템으로 운영되고 있다. 즉, 합법적인 네트워크 회사들은 정부가 보증하는 안전한 기관인 것이다.

국내에서 합법적으로 네트워크 마케팅 사업을 하기 위해서는 정부 산하 기관인 공정거래위원회 산하의 '직접판매공제조합'과 '한국특수판매공제조합'에서 허가를 받아야 합법 네트워크 마케팅 회사로 인정받을 수 있는데, 대표적인 조건은 다음과 같다.

1. 수당률 35% 규정

- 매출의 35%까지만 수당으로 제공할 수 있다.

2. 물품 규정

- 여행, 코인, 금융 등 무형의 물품은 재화(財貨)가 될 수 없다.

3. 단일 물품 160만 원 이하 규정

- 한 개당 가격이 160만 원을 넘어가는 물건은 판매할 수 없다.

4. 자본금 최소 5억 원 이상

- 회사 설립 자본금이 최소 5억 원 이상이 있어야 등록할 수 있다.

　

　직접판매공제조합, 한국특수판매공제조합에 따르면 이들 140여 개의 기업이 2021년에 올린 추산 매출액은 5조 6,418억 원이다. 이는 공정거래위원회가 매년 공개하고 있는 매출액과는 차이가 있겠지만, 역대 최고 매출액을 기록한 지난 2019년 5조 2,284억 원을 가뿐히 넘어섰다. 코로나로 어려운 경기에도 불구하고 엄청난 매출을 올린 것이 사실이다. 네트워크 마케팅은 이제 더 이상 거부할 수 없는 트렌드다. 과거 불법 피라미드 때문에 우리나라 국민들의 인식은 좋지 않지만 전망 있는 비즈니스인 것만큼은 틀림없다.

　앞으로 미래에 사라질 직업들은 엄청나게 많다. 기계가 빠르게 사람이 하는 일을 대체하고 있기 때문이다. 심지어 2021년 7월, 대한민국에 버추얼 인플루언서인 '로지'가 등장했다. 가상 인간이지만 실제와 거의 유사하며, 실제 인물보다 가지고 있는 장점이 더 뚜렷해 대중들에게 인기를 얻고 있다. 이들은 금융, 자동차 등의 광고모델뿐만 아니라 '인스타그램'을 활용해 MZ세대를 겨냥한 '메타버스' 콘텐츠, '가수'로까지 데뷔하고 있다. 이처럼 사람만이 할 수 있다고 여겨졌던 직업들조차 점점 사라져가고 있다.

이제는 보험업계조차 대기업이 손길을 뻗치고 있다. 쉽게 시작해서 큰돈을 벌 수 있었던 보험 판매원의 자리 역시 대기업에게 빠르게 빼앗기고 있는 것이다. 경기가 어려워지면서 네트워크 마케팅 사업을 통해 이미 많은 자영업자들이 안정적인 수익을 창출하고 있다.

〈한국 마케팅 신문(2022. 2. 18)〉의 기사 '위기의 자영업자 '다단계 판매'가 살린다'라는 제목에서 알 수 있듯이 코로나 이후 영업시간 제한 등으로 영업에 상당한 타격을 입거나 폐업한 자영업자들이 다단계 판매 사업에 참여하는 사례가 늘고 있다. 네트워크 마케팅 사업은 임대료나 인건비와 같은 창업 자본금이 들지 않는 데다 전문적인 기술, 자격증 등이 없어도 누구나 쉽게 시작할 수 있기 때문이다. 코로나가 2년간 지속되며 자영업자들의 대출액이 50조 원 가까이 불어났고, 고정비와 인건비가 들어가면서 운영할수록 마이너스가 나는 상황에 자영업자들의 비관적인 인식도 장기화되고 있다.

반면, 네트워크 마케팅 회사들의 매출액은 갈수록 늘어가면서 네트워크 마케팅을 부업으로 해 안정적인 수익을 창출하는 사람들이 늘어나고 있다. 실제 나의 수입도 코로나 이후 두 배 이상으로 올랐다. 이제

머지않아 네트워크 마케팅은 상식이 되고, 재테크 전문직으로 여겨지는 날이 올 것이다. 언제까지 노동으로 돈을 벌 것인가! 더 이상 노동과 시간을 맞바꾸는 일 대신 튼튼한 파이프라인을 구축하고, 파이프라인이 완성되었을 때 수도꼭지만 틀어도 나올 수 있는 '권리소득'을 준비하길 바란다.

당신도 빠른 속도로 부자가 될 수 있다

내가 처음 네트워크 마케팅 사업을 시작해야겠다고 생각을 한 뒤 가장 고민했던 부분이 있다. 어떤 분야인지 알지 못하는 미지의 세계였기 때문에 몹시 두렵고 불안했다. 그럴 만도 한 것이 지금까지 해오던 일과는 전혀 다른 분야의 일이었기 때문이다. 그리고 주변 사람들 중에 사업을 하는 사람도 많지 않았다. 처음에 지인으로부터 제품을 전달받기는 했지만 오래 전부터 알고 있던 사람들 중에는 네트워크 마케팅을 직업으로 가지고 있는 사람들이 없었기 때문에 어떤 일인지 추측조차 하기 힘들었다. 그래서 나는 사업설명회에 참석하기로 결정했다. 내가 사는 곳과는 한 시간 정도 떨어진 지사에서 하는 설명회였지만, 내가 만약 사업을 시작한다면 꼭 한 번쯤은 들어보고 확인을 해봐야 하는 부분이었기 때문이다.

사업설명회는 나보다 일찍 사업을 시작해 성공한 분들이 나와서 자신이 어떻게 사업을 만났는지, 이 사업을 통해 어떻게 가난을 극복했는지에 대해서 이야기하는 것으로 시작되었다. 그리고 이 회사의 보상플랜을 통해 어떻게 돈을 벌 수 있는지도 알려주었다. 우리가 맛집에 다녀온 뒤 맛집을 소개하듯이 제품을 사용해보고 좋으면 주변 지인들에게 광고를 하는 대가로 홍보비를 돌려받는다는 내용이었다. 요즘에는 대리운전도 추천인 제도가 있고, 쿠팡도 추천인 제도가 있어서 소개를 한다는 것이 부담스럽지는 않았다.

학교 근무 시절에도 내가 입은 바지가 싸고 좋다며 주변 선생님들이 하나둘 주문하면서 스무 벌을 단골가게에 주문해준 적이 있다. 전화하고, 연락하고, 돈을 받아서 송금해주는 등의 사소한 일거리가 많았지만 고생만 하고 나에게는 아무런 혜택이 없는 것을 깨닫고 '나 지금, 뭐하고 있는 거지?'라는 생각이 든 적도 있기 때문이다. 만약 내가 홍보활동을 하고 일정의 수수료를 받을 수 있다면 정말 좋은 것 아닌가! TV에 나오는 연예인 대신에 내가 모델이 된다고 생각을 전환하니 기분도 덩달아 좋아졌다.

어떤 일을 시작할 때 가장 중요한 것은 '왜 하는가?'인 것 같다. 아무런 이유 없이 '그냥' 시작한 일들은 크고 작은 어려움이 닥쳐오면 쉽게 포기하거나 넘기지 못하고 좌절하기 십상이기 때문이다. 나는 '왜?' 네트워크 마케팅 사업을 하고 싶은지에 대해 깊이 고민하기 시작했다. 처음에는 자유롭게 일하고, 많은 돈을 벌고 싶다는 이유로 이 사업을 시작했던 것 같다. 하지만 사업을 진행하고 몇 년이 지난 지금은 '사람들이 더 이상 노동으로 힘들게 일하지 않고, 경제적으로 자유롭기를 바라는 이유' 때문에 많은 사람들에게 이 사업을 전파하고 있다. 사회가 심어놓은 선입견 때문에 너무 좋은 비즈니스를 제대로 바라보지 못하고 부자가 될 기회를 놓치고 있는 사람들이 몹시 안타깝기 때문이다.

요즘 젊은 친구들의 버킷리스트에는 '죽음체험'이 유행이라고 한다. 이 죽음체험은 연세 드신 어르신들이 많을 것이란 예상과 달리 20~30대 방문객들 사이에서 핫하다. 아무 걱정도 없을 것 같은 젊은 친구들이 죽음체험을 신청하는 이유는 죽음을 앞둔 절박함을 조금이나마 경험해 보고 싶기 때문이라고 한다. 자신의 마지막 순간이 되어야만 '아 이렇게 살지 말 걸' 하며 정신이 번쩍 드는 경험을 할 수 있기 때문이다. 왜 우리는 매 순간 죽음을 맞이하는 절박함으로 살지 못하는 것일까? 왜 나 자신을 성장시키는 동시에 다른 사람들의 인생을 멋지게 변화시키는 일에 동참하지 않는 것일까?

네트워크 마케팅은 당신이 일을 시작함과 동시에 배운 이론과 실전 경험의 노하우를 그대로 누군가에게 전달하며 그들의 성장을 도울 수 있다. 그리고 나와 우리 가족, 그리고 파트너들의 인생이 풍요로워지는 것을 함께 경험하는, 그 어떤 일보다 보람과 만족이 높은 직업이다. 더불어 파트너의 성장이 곧 나의 부와 연결되는 최상의 비즈니스다. 물질적인 풍요와 가치 있는 삶. 이 두 마리 토끼를 다 잡으며 자유롭게 살 수 있는 유일한 통로인 것이다.

    일단 당신이 빠른 속도로 부자가 되기 위해서는 '당신이 원하는 삶을 살 수 있다는 강력한 믿음', '경제적인 자유가 이루어지는 순간이 온다는 믿음'이 있어야 한다. 네트워크 마케팅 사업은 당신이 시작했다고 해서 하루아침에 일정한 금액의 월급이 들어오는 것도 아니고, 시간이 지난 다고 해서 나와 함께하는 파트너들이 생기는 것이 아니기 때문이다. 당신은 당신으로부터 시작한 1인 기업가가 되는 것이다. 특정 회사와 아이템을 활용한 자신만의 멤버십 구축을 하는 것이 이 사업의 포인트다.

    즉, 내가 사장이고, 내가 주인이라는 이야기다. 내가 사장이 되어 회사를 운영한다면 해가 중천에 떠 있을 때까지 잠을 자고, 커피를 마시고, 단정하지 못한 차림으로 출근을 하는 일은 없을 것이다. 어떻게든 잘되게 하기 위해 남들보다 일찍 출근하고, 하루 스케줄을 정리하고, 잠재 고객들을 만나 명함을 돌리고, 나를 알리는 일부터 시작할 것이다. 그리고 상담을 하는 협력사에게 매우 친절한 목소리로 우리 제품을 써달라고 부탁하기도 할 것이다.

    네트워크 마케팅 사업은 20년간 10평 남짓한 옷가게를 운영하시던 사장님, 30년간 남편 월급을 저축하며 가정주부로 살아온 엄마, 어렵게 공무원 시험에 합격했지만 적성에 맞지 않아 그만둔 사회 초년생, 기술을 배워 네일아트, 헤어디자이너, 속눈썹 시술을 해서 근근이 먹고 살았지만 건강 악화와 얽매이는 삶이 싫어 이러지도 저러지도 못하는 원장님, 20대는 화려했으나 결혼, 출산과 동시에 경력이 단절되어버린 새댁, 일도 하고 싶고 육아도 하고 싶어 발만 동동 구르는 워킹맘 등, 우리 주변에서 흔히 볼 수 있는 '보통 사람들'로부터 시작되는 비즈니스다.

빠른 속도로 성공한 네트워커가 되려면 최대한 많은 파트너들을 도울 수 있도록 내가 아는 지식과 노하우를 활용해 시스템화하면 된다. 또는 미리 만들어져 있는 시스템을 활용해 파트너와 함께 복제를 시키는 활동을 하면 된다. 누구나 원하는 만큼의 높은 수익을 가져갈 수 있다. 먼저 시작했다고 많은 돈을 버는 것이 아닌 자신의 능력껏 역전도 가능한 비즈니스다. 대신 한 가지는 분명히 해두고 싶다. 빠르게 부자가 되고, 성공하기 위해서는 철저하게 시스템에 들어가 있어야 한다. 그리고 일 대 다수 시스템만으로는 부족하다. 현재 사업전달을 하고 있는 파트너와 사업전달을 하는 과정에서 일어날 수 있는 케이스들이 각자 다르기 때문이다. 이때는 멘토와 스폰서에게 수시로 묻고 도움을 받으면 된다.

만약 업라인에게 쉽게 도움을 받을 수 없거나, 한 스폰서에게만 도움을 받아야 한다면 본사를 통해 자신이 속해 있는 라인의 시스템을 다시 한번 점검해보는 것이 좋다. 동일 시스템을 통해 성공자가 다양하게 배출되었는지도 확인해야 한다. 만약 시스템에 계속 참석하고 있는데도 성공자가 보이지 않는다면 시스템을 점검할 필요가 있다. 이제는 정보를 제공하는 것을 뛰어넘어 정보를 창조하는 사람이 돈을 버는 시대다.

콘텐츠, 신뢰, 스마트폰, 인터넷, AI가 이끄는 새로운 시장에서 살아남기 위해서는 '스마트폰 활용하기'도 빼놓을 수 없다. 공룡이 기후변화 때문에 멸종했다면 이제는 스마트폰을 활용하지 못하면 멸종한다는 농담도 나올 정도다. 자신의 SNS 계정, 유튜브, 블로그, 메신저, 페이스북 등으로 자신의 성장과정과 성공한 모습을 자랑하고, 제품 홍보와 제품 사용법 등의 정보를 제공하며 많은 사람들에게 도움을 줄 수 있다. 굳이 회사에 다니지 않고도 정보를 제공한 대가로 돈을 벌 수 있고, 영향력 있는 사람이 될 수 있다. 스마트폰을 가지고 있고, 인터넷이 가능한 곳에만 있다면 언제 어디서든지 돈을 벌 수 있는 사업인 것이다.

최근 코로나에 러시아와 우크라이나의 전쟁까지 악재가 겹쳐 경기가 더욱 불안해지고 있다. 많은 자영업자들이 문을 닫았고, 사람과 사람이 만나서 하는 일들은 다들 꺼리기 시작했다. 인력이 AI로 대체되고 있는 시점에 사람들은 앞으로 어떻게 살아갈지에 대해 엄청난 고민으로 잠을 못 이루곤 한다. 지금이야말로 네트워크 마케팅 사업을 시작할 최적의 타이밍이다.

다시 한번 강조한다. 당신은 전 세계 사람들에게 당신의 비즈니스를 전달할 수 있고, 그 대가로 한 달에 남들이 1년 연봉으로 받는 돈 이상을 벌 수 있다. 나 자신이 몇 년간 증명해오고 있고, 나와 함께하는 파트너들 역시 빠르게 부자가 되어가고 있다. 아직도 과장된 이야기라며 믿지 않는 사람들이 있을 것이다. 예전에 나 역시 이런 이야기들이 나를 꾀는 거짓말처럼 들렸고 의심스러웠다.

어렸을 때 부유하지 못한 가정에서 자라서인지 '돈'에 대한 이미지가 긍정적이지는 않았다. 돈이 많은 부자들을 싫어했고, 나는 평생 부자가 될 수 없을 것이라고 생각했다. 하지만 네트워크 마케팅 사업을 만난 뒤 나의 관점은 180도 달라졌다. 모든 편견을 내려놓고 부자처럼 생각하고, 부자처럼 행동하기 시작했더니 나의 통장 잔고 역시 불어나기 시작했다. 그리고 임계점을 넘어서자 급속도로 성장했다. 나는 이 책을 읽는 당신에게도 이러한 기쁨을 느끼게 해주고 싶다. 마음속에 열정이 꿈틀대는 사람이라면 무엇을 망설이는가? 지금 당장 네트워크 마케팅 사업의 세계로 뛰어들길 바란다.

당신이 부자가 아니라면
지금 하는 모든 것을 멈춰라

우리 주변에서 돈이 가장 많은 곳이 어디인지 아는가? 바로 은행이다. 만약 이 은행의 돈을 가져올 수만 있다면 얼마나 좋을까? 은행을 터는 가장 합법적이고 가장 쉬운 방법은 바로 은행을 소유하는 것이다. 쉽게 이야기하면 은행은 자기 돈 한푼 없이도 다른 사람들에게 돈을 빌려주며 수수료를 받는다. 부자들은 이런 방법을 통해서 당신의 돈을 자신의 통장으로 옮기는 것이다. 부자들은 시간과 돈을 맞바꾸는 것이 아니라 세금, 부채, 물가상승, 연금 등을 활용해 쉽고 빠르게 더욱 부자가 되는 방법을 알고 있다. 따라서 평범한 사람들이 끊임없이 노동하고 가난에서 허덕이는 삶을 끝내고 싶다면 부자들의 비법을 따라서 돈 공부를 해야만 한다.

나 역시 돈에 대해 아는 것이 아무것도 없었다. 그저 새벽부터 일어나 열심히 노동하시는 아빠 엄마만 보고 자라왔기 때문이다. 주변 친척 누구 하나 돈 공부를 하라고 알려주는 사람은 없었다. 만약 내가 어렸을 때 이런 비법을 알려주는 귀인을 만났거나 나에게 '시간을 투자해 돈을 벌고', '돈이 돈을 번다는 사실'을 알려주는 책이라도 읽었다면 아마 나의 인생은 훨씬 빠르게 달라져 있었을 것이다. 코로나로 모두가 어렵다고 하는 이 시기에도 부자들은 어마어마한 돈을 더 많이 벌어들이고 있다. 이 책이 자극제가 되어 당신도 돈 공부를 시작한다면 당신 역시 조만간 그 비법을 알게 될 것이다.

사람들은 TV나 뉴스를 보면서 정치인이 바뀌고 세상이 바뀌기를 기다리고 있다. 하지만 몇십 년이 지나도 세상은 내가 원하는 대로 바뀌지 않는다. 그렇다면 내가 할 수 있는 것인, 나 자신부터 바꾸는 것이 훨씬 빠르고 쉬울 것이다. 과거의 나는 당장 오늘 할 일을 처리하느라, 내일 출근을 신경 쓰느라 진짜 중요한 돈에 대한 공부를 할 시간이 없었다. 언제나 쓸데없는 약속으로 바빴고, 내 일이 아닌 다른 사람의 업무를 대신해주고 눈치를 보느라 소중한 나의 인생을 낭비하고 있었다.

그래서 이 책을 읽는 독자들에게 말해주고 싶다. 만약 당신이 부자가 아니라면 지금 하는 모든 것을 멈춰라! 그리고 종이와 펜을 들고 자리에 앉아 곰곰이 생각해보라. 당신은 어떤 삶을 살고 싶은가? 당신은 얼마만큼의 돈을 벌고 싶은가? 돈이 충분히 있다면 당신은 무엇을 하면서 어디에서 누구와 살고 싶은가?

아마 지금처럼 살고 싶다고 말하는 사람들은 많지 않을 것이다. 그렇다면 질문하겠다. 당신은 20년 후에도 지금 하는 일을 하면서 살고 싶은가? 만약 아니라고 대답하거나 어쩔 수 없이 '돈 때문에 해야지' 하고 생각하는 사람이 있다면 생각의 전환이 필요하다고 말해주고 싶다. 20년 후에 그만둘 일을 왜 지금 그만두지 않는단 말인가! 돈이 많든 적든, 많이 배웠든 못 배웠든 우리는 평생 살아가면서 소비생활을 해야 한다. 요즘은 자연인처럼 산에 가서 혼자 살아간다고 해도 돈이 필요한 시대다. 어떤 자연인에게 "과거의 삶과 지금의 삶이 어떠세요?"라고 질문했더니 자연인이 이렇게 대답했다.

"예전에는 돈이 전부인 줄 알았어. 그런데 지나고 보니 진짜 돈이 전부야!"

농담 섞인 말이지만 그만큼 누구에게나 돈은 없어서는 안 되는 가장 필요한 것임이 분명하다. 돈이 있고 없고에 따라서 우리 삶의 질이 하늘과 땅 차이로 달라진다. 나뿐만 아니라 가족과 주변에 있는 사람들에게까지 영향을 미치는 것이 분명하다. 돈은 곧 에너지기 때문이다. 먹고 마시는 음식만 에너지가 아니라 돈을 사용하고 물건을 구매하고 그것을 누리고 사용하는 것도 모두 에너지다. 이런 중요한 돈에 대해 공부하지 않고 되는 대로 살아간다면 돈 역시 우리로부터 멀리 도망가버릴 것이다. 과거 존재했던 돈에 대한 부정적인 생각은 빠르게 버리고 이제는 깨어 있는 생각과 행동을 해야 한다.

돈을 저축하기 위해 적금을 들 때 가장 먼저 월 납입액과 기간을 정한다. 그리고 만기가 되었을 때 원금과 이자를 합쳐 얼마의 돈을 받게 될지 미리 알 수 있다. 이처럼 돈을 버는 것도 마찬가지다. 내가 얼마를 벌지 정하고, 거기에 맞게 다양한 루트로 돈길을 터놓아야 한다. 돈이 새어 나가는 길은 많은데, 들어오는 길이 하나면 너무 불공평하지 않은 가! 그래서 우리는 이제부터라도 돈 공부를 해서 자본과 시간을 활용해 파이프라인 늘리기에 들어가야 한다.

누구나 열심히 산다. 하지만 열심히 살아간다고 모두 부자가 되는 것은 아니다. 나폴레온 힐(Napoleon Hill)의 《생각하라 그러면 부자가 되리라》에서는 실패의 원인 30가지와 부를 축적하는 12가지 법칙에 대해 이야기하고 있다. 다음에 정리한 실패 원인 30가지를 살펴보면 얼마나 많은 장애물들이 당신의 성공을 가로막고 있는지 확인할 수 있다.

1. 불리한 유전적 배경
2. 명확한 목표의 결여
3. 야망의 결여
4. 불충분한 교육
5. 절재(絕才) 부족
6. 질병
7. 어린 시절의 좋지 않은 환경적 영향
8. 미루는 습관
9. 끈기 부족
10. 배타적인 성격

11. 성욕의 통제

12. 도박

13. 결단력 부족

14. 6가지 공포(가난, 비판, 질병, 실연, 늙음, 죽음)

15. 배우자의 잘못된 선택

16. 소심함

17. 잘못된 동료 선택

18. 미신과 편견

19. 잘못된 직업 선택

20. 집중력 부족

21. 낭비

22. 열의 부족

23. 편협함

24. 무절제

25. 협동 정신의 결여

26. 노력 없이 얻은 재산이나 권력

27. 거짓말

28. 이기주의와 허영심

29. 억측에 의한 판단

30. 자금 부족

나 역시 30가지 실패의 원인 중 많은 것들을 갖고 있었다. 새로운 것을 받아들이는 데 편협함을 갖고 있었고, 억측에 의한 판단을 하며 살아온 것이 사실이다. 그리고 잘못된 동료의 선택으로 많은 돈을 잃기도 했다. 우리가 인생을 살아가면서 오점 하나 없이 살아가는 것은 불가능하다. 만약 지금 당신의 삶이 원하는 삶이 아니라면 지금 당장 해오던 방식을 멈추길 바란다. 그리고 당신이 원하는 인생을 살기 위해 용기를 내야 할 타이밍은 바로 지금이다. 지금껏 해오던 모든 실패의 습관을 반대로 해보자.

지금 할 수 있는 것부터 하나씩 시작해보는 것을 추천한다. 예를 들면 나는 아침에 눈을 떴을 때 기지개를 켜고 인터넷에서 좋은 글을 검색한다. 눈을 뜨자마자 나에게 긍정 확언을 심으며 일어난다. 그리고 잠자리를 정리한다. 눈을 떠서 잠자리를 정리하는 데까지 걸리는 시간은 3분 내외다. 그리고 인공지능 스피커 '샐리'에게 "샐리야 카페음악 틀어줘"라고 말하면 샐리가 기분 좋은 아침을 시작할 수 있는 카페음악을 재생해준다. 그다음 거실에서 요가 매트를 깔고 5분간 스트레칭을 한다.

나는 매일 아침 작은 성취감을 느끼며 하루를 시작한다. 이렇게 작은 것들부터 변화하는 노력을 한다면 해낼 수 있는 일들이 더욱 늘어날 것이다. 지금까지의 실패를 실패로 받아들이지 않고 성장의 동력으로 삼고, 이제부터라도 '나'부터 빠르게 바로잡아 성공의 방향으로 인생의 키를 돌려야 한다. 지금 당신이 부자가 아니라면 지금 하는 모든 것을 멈추고, 당신이 원하는 방향을 향해 다시 시작하라. 세상은 자신이 어디로 가는지 알고 있는 사람을 응원할 것이다.

부자가 아닌 당신이 반드시 알아야 할 3가지

"우리는 우리가 현재 인식한 우리의 모습을 끌어당긴다. 인생을 사는 방법은 원하는 대상을 쫓아가는 것이 아니라 소망이 이루어졌다는 느낌을 간직한 채 그것이 우리에게 오도록 하는 것이다."

형이상학자 네빌 고다드(Neville Goddard)가 《상상의 힘》에서 한 말이다. 나는 최고 직급에 도전하고 원하는 목표를 빠르게 이루는 사람을 종종 보곤 한다. 그들이 최고 직급을 달성한 뒤 스피치하는 걸 들어보면 대부분 똑같은 이야기를 한다. 처음에는 아무것도 모르고 시작했는데 자신도 모르게 어느덧 최고 직급이 되어 있다는 이야기다. 그리고 자신이 한 것은 딱 한 가지로 매일 최고 직급이 되는 상상을 하고, 작은 행동들을 반복했다고 한다. 만약 당신이 지금 부자가 아니라면 반드시 알아야 할 3가지 법칙이 있다.

첫째, 생생하게 자신의 성공을 그려라. 그런 사람일수록 목표에 더욱 빠르게 도달한다. 이 법칙을 터득한 사람들은 다른 작은 일에도 이 방법을 적용해볼 수 있다. 내가 경험한 아주 사소한 에피소드 하나가 있다. 미팅을 갔는데 예쁜 원피스에 아이라인을 예쁘게 그린 파트너를 만나게 되었다. 계속 어디 제품인지 궁금했고, 일주일 뒤 메시지를 보내 "너무 예뻐서 물어보는 건데, 어디서 사셨어요?" 하고 물어보았다. 그런데 선물해주겠다면서 주소를 부르라는 것이다. 그리고 집으로 아이라이너 두 개가 배송되었다. 선물이 배송되는 동안에 회사에서 열리는 행사가 있었는데, 아이라이너를 집에 두고 온 나는 동료에게 좀 빌려달라고 했다.

그런데 그 동료는 아이라이너가 너무 좋다면서 갈색 제품을 추천해주었다. 옆에서 듣고 있던 동료들이 공동구매로 같이 사자며 바로 그 자리에서 주문하기 시작했다. 집에 와서 가방을 열어보니 아이라이너만 다섯 개가 내 손에 들려져 있었다. 정말 간절히 원하고 생생하게 꿈꾸면 이루어진다는 말이 이런 것일까? 나는 일상생활에서 작은 경험들을 하며 우주의 법칙을 더욱 신뢰하게 되었다.

이런 일들이 잦아지다 보니 나는 부정적인 생각을 하는 것이 무서워졌다. 부정적인 생각도 이루어질 것만 같은 믿음이 생겼기 때문이다. 그래서 나는 부정적인 표현을 긍정적인 표현으로 바꾸기 시작했다. 예를 들면 "실패하면 어떡하지?"를 "성공하면 얼마나 좋을까?"로, "잘못되면 어떡하지?"에서 "잘되면 얼마나 좋을까?"로, "왜 나에게만 이런 일이 일어나지?"에서 "나에게 무슨 교훈을 가르쳐주시려고 이런 시련을 주시는 걸까?"로 말이다. 부자가 되기 위해서는 성공했을 때의 그림을 생생하게 그리고 그 느낌을 간직하며, 부정적인 생각은 밀어내고 긍정적인 생각으로 나를 가득 채워야 한다.

둘째, 남들이 다 가는 길 대신에 세상에 없는 길을 선택해야 한다. 나의 첫 번째 저서 《세상에 지지 않을 용기》는 안정적인 공무원을 하며 살아야 한다는 세상과는 반대로 살고 싶었던 나에게 스스로 힘을 실어주기 위해 쓴 책이다. 당신이 지금 성공하지 않았더라도 가고자 하는 방향이 미래를 향해 있다면 잘 가고 있는 것이다. 하지만 계속 짜증이 나고, 우울하며 이건 아닌 것 같다는 생각이 자꾸 든다면 지금 멈춰 서서 다시 생각해봐야 한다. 귀중한 내 인생을 낭비하며 살 수는 없기 때문이다.

만약 당신의 목표가 연봉 2,000~3,000만 원이라면 남들이 조언하는 대로, 학교에서 배운 대로 살아도 좋다. 하지만 당신이 나처럼 억만장자가 되는 것이 목표라면 당신은 남들과는 다른 길을 가야만 한다. 나도 '공무원을 그만두고 다단계를 선택한 사람'이라는 타이틀을 달고 지금 이 자리까지 왔다. 흔히 사람들이 하지 않는 선택이지만 나는 세상의 편견을 극복했고, 만족스러운 삶을 살고 있다.

나의 목표는 천천히 실패하는 것이 아니라 장기적으로 크게 성공하는 것이었다. 실패와 성공은 하늘과 땅만큼 다르다. 실패할 수 있지만 실패를 통해 성장해야 하고, 그 성장을 통해 장기적으로는 최적화된 성공을 얻어야 한다. 연봉 2,000만 원과 월급 2,000만 원의 생각은 달라야 맞다. 일회성으로 2,000만 원을 버는 것이 목표가 아니라 꾸준히, 지속적으로 벌면서 더욱 늘려가는 것이 나의 목표다. 그러기 위해서는 한번 성공한 뒤 만족하지 말고 꾸준한 피드백과 점검을 통해 목표를 상향하고, 더 나은 사람이 되어야 한다. 내가 시간과 열정을 쏟으면서 쌓아온 실력은 아무도 훔쳐갈 수 없는 나만의 자산이 되어줄 것이다.

셋째, 버티는 사람이 이긴다. 내가 처음 네트워크 마케팅 사업을 시작했을 때는 판매나 사업에 대해 전혀 알지 못했다. 내 눈에는 나를 제외한 모든 사람들이 단기간에 돈도 많이 벌고, 일도 빠르게 잘되는 것처럼 보였다. 나는 이 일을 왜 시작했는지 다시 한번 생각해보기로 했다. 먼저, 나는 더 이상 출근하지 않아도 되는 '자유'를 얻고 싶었다. 그러면서도 생활이 가능한 돈이 필요했다. 처음 공무원을 그만두고 이 사업을 시작했을 때 내가 다짐한 딱 한 가지가 있다. '절대 포기하지 말자!'였다. 평소 모든 일에 싫증을 잘 느끼던 나였기에 직장까지 그만뒀는데, 이 길도 아니면 어떻게 하나 몹시 고민했다. 그래서 어떤 어려움이 있어도 포기는 0.1%도 생각하지 않았다. 대신 어떻게 하면 이 시련을 극복할까에 대해 생각했다.

네트워크 마케팅 사업에서 실패하는 사람들의 공통점은 바로 포기한다는 것이다. '실패했다'라기보다는 '포기했다'라는 표현이 더욱 적절하다. 네트워크 마케팅 사업은 조직을 구축해서 연금성 소득을 받는 것이 목적이기 때문에 시간이 필요한 사업이다. 물론 운이 좋은 사람은 조직이 빨리 구축되서 금세 소득으로 연결되는 경우도 있지만, 대부분은 소비자와 사업자 그룹이 만들어지는 시간이 필요한 사업이다. 하지만 대부분의 사람들은 이 임계점까지 버티지 못하고 포기한다. 포기만 하지 않는다면 네트워크 마케팅 사업은 어떤 파트너와 함께 할지 모르는 긁지 않은 복권 같은 일이다.

나는 모두가 버티기 힘들어 하는 이런 시기에 본사와 스폰서와의 상담을 통해 다시 철저한 계획을 수립하고 시스템을 만드는 일을 했다. 본사의 시스템이 나의 조직과 맞지 않을 수 있다. 그래서 나는 나와 내 팀들이 활용하기에 좋은 시스템을 구축하기 시작했다. 가장 힘든 시기에 포기하지 않고 방법을 찾는 일을 했다. 그게 바로 온라인 시스템이었다. 처음에는 네이버 밴드 라이브 방송으로 제품 교육을 대신했고, 그러다 줌미팅을 시작했다. 처음에는 아이디도 모르는 팀원들을 데리고 각자 수준에 맞춰 1:1 교육을 실시했다. 그 당시만 해도 오프라인이 좋다는 사람, 온라인이 편리하다는 사람들이 섞이면서 혼란스러운 시기를 겪기도 했다.

그리고 2020년 코로나가 터졌다. 금세 끝날 것 같던 팬데믹은 엄청난 속도로 오랫동안 지속되었고, 이 사태는 나에게 전화위복이 되었다. "코로나가 뭐야?" 하고 혼란스러워 하는 사람들 사이에서 미리 준비하고 있었던 팀들은 시스템을 활용해 비대면 미팅을 원활하게 진행해 나갔다. 처음에는 '온라인을 통해서 사업이 진행될까?'라는 생각을 했지만, 막상 익숙해지니 오프라인보다 훨씬 편하게 돈을 벌 수 있었다. 그래서 단군 이래 가장 돈 벌기 편한 시대라는 말이 나왔나 보다.

네트워크 마케팅 사업은 경쟁 사업이 아니다. 서로에게 동기부여를 하고, 장점은 활용하되 서로의 단점을 보완해주며 진행하는 사업이다. 다운라인이 잘되야 스폰서도 잘되는 일이기 때문에 가족보다도 나의 성공을 더욱 응원한다. 처음에는 최소의 소득과 최대의 에너지가 투입되지만 임계점이 지나면 최소의 에너지로 최대의 소득을 받을 수 있는 일이다. 실제로 나도 매월 초반이 되면 회사 전체 매출을 공유받을 수 있는 쓰리라인 기준이 모두 충족된다. 처음에는 막막했던 일이지만 시간이 지날수록 왜 더 빨리 만나지 못했고, 더 빨리 시작하지 못했나 하는 후회가 된다.

부자들은 부자가 되는 방법을 안다. 돈을 버는 방법을 알기 때문에 부자들의 생각, 부자들의 행동, 부자들의 말버릇을 따라 하기만 하면 된다. 당신 주변에 함께 대화할 수 있는 사람 중에 누가 가장 부자인지 살펴보라. 그리고 그 사람의 장점 중 한 가지를 따라 하면 된다. 그 사람이 아침 일찍 일어나면 나도 아침 일찍 일어나고, 그 사람이 인사를 잘하면 나도 인사를 잘하는 것부터 시작하면 된다.

그리고 만약 부자가 없다면 부자들이 쓴 책을 먼저 읽어보길 추천한다. 아무도 내가 부자가 될 수 없다고 해도 스스로 주눅들지 말고 하나씩 준비하며 때를 기다려라. 성공한 나의 모습을 끊임없이 상상하고, 남들이 가지 않은 길을 탐색하라. 그리고 절대 포기하지 않고 버틴다면 당신이 원하는 모습이 되어 당신의 인생을 누리고 있을 것이다.

새로운 부의 추월차선으로 갈아타라

당신이 꿈꾸는 성공은 어떤 모습인가? 내가 꿈꾸는 성공은 전 세계 여성들이 열광한 미국 드라마 〈섹스 앤 더 시티(Sex And The City)〉의 여주 인공들의 모습이었다. 이 드라마는 큐레이터, 광고 기획자, 작가, 변호 사 등 30~40대의 화려한 전문직 여성들의 우정과 사랑을 그렸다. 이 드라마에서 인상 깊었던 것은 부모님으로부터 물려받은 재산으로 부자가 된 것이 아닌 자신들의 노력과 열정으로 커리어를 쌓아 성공한 점이었다.

20대 초반에 이 드라마를 보면서 '나도 30대에는 저 언니들처럼 멋진 커리어우먼이 될 거야!'라고 다짐했던 적이 있다. 하지만 막상 나의 30대 는 드라마와는 정반대였다. 예쁜 옷을 사 입기에는 내 월급이 턱없이 부족했고, 혼자 월세를 감당하며 살아갈 능력도 되지 않았다. 커리어를 쌓 는 것도 그렇다. 아름답게 서로 협력한다는 것은 현실에서는 있을 수 없었다. 사람들은 경쟁하면서 이기기 위해 서로를 짓누를 수 밖에 없었다.

사람은 누구나 꿈을 꾼다. 그러나 그 꿈이 모두 같은 것은 아니다. 밤에 꿈을 꾸는 사람은 아침에 일어나면 피곤하기만 하다. 하지만 낮에 꿈을 꾸는 사람은 머지않아 그 꿈이 현실이 되는 것을 경험하게 된다. 내 눈에는 모든 사람들이 다 포르쉐, 페라리로 보인다. 하지만 그들은 자신이 슈퍼카임을 깨닫지 못하는 것 같다. 슈퍼카인 자신의 능력도 모르고, 시속 100km도 채 달리지 못한다. 직장에서도 열정적으로 일하는 직원이 있고, 옷가게에서도 하루 종일 열심히 옷을 파는 점원도 있다. 이들은 모두 열심히 일한다. 똑같은 노동력을 투입한다면 더 많은 수입을 받을 수 있는 방법을 선택해야 맞다. 하지만 그들은 과거 학습되었던 편견과 주변 사람들의 시선 때문에 여전히 노동을 택한다.

하지만 이제는 '부의 추월차선'을 넘어 '새로운 부의 추월차선'으로 올라타야 할 때다. 속도에 제한이 없는 '무한 수입차선'으로 진입하는 것이다. 일단 진입하고 앞차가 가는 길을 그대로 따라가기만 한다면 당신도 엄청나게 빠른 속도로 당신이 원하는 경제적 자유를 얻을 수 있다. 심지어 당신이 경차라도 상관없다. 슈퍼카를 역전할 수도 있고, 중간에 슈퍼카를 살 수 있을 정도의 돈을 벌수도 있다. 사람들은 가보지 않은 새로운 부의 추월차선에 대해 위험하다고 당신에게 경고할 것이다. 그냥 안전하게 서행차선에 함께 있자고 말이다. 가는 길에 휴게소에 들러 간식도 사먹고, 천천히 차에서 이야기도 하며 목적지가 멀지만 가는 길이 행복하면 되지 않느냐고 설득하려 들 것이다.

하지만 나는 빠른 길이 있다면 그 방법을 택하라고 하고 싶다. 비행편이 있으면 비행기를 타고 목적지에 가면 그만이다. 단순히 비행기를 타보지 않아서 번거롭다고 생각하고, 비행기는 비쌀 것이라고 생각하는 것은 경험해보지 않는 자들의 편견이다. 실제로 나는 기차보다 싼 비행기를 자주 이용하고 있고, 운전해서 왕복 10시간 거리를 한 시간 만에 도착하기도 한다. 금전적으로도 왕복 기름값보다 훨씬 저렴한 비용이다. 그리고 운전을 하지 않기 때문에 이동하는 동안에 많은 업무를 처리할 수 있는 것은 덤이다. 자동차는 시속 100km로 달리고, 비행기는 800km로 날아간다. 앞으로는 비행기보다 더 빠른 교통수단이 나올지도 모른다.

나는 20대 초반에 평생 영어의 부족함을 느끼며 살기가 싫어서 어려운 형편에도 부모님을 졸라 캐나다 유학을 한 경험이 있다. 부모님께서는 10년 동안 넣으신 적금을 해약해 나에게 투자를 해 주셨다. 어렸을 때부터 영어를 배웠지만 실제로 내가 할 수 있는 영어는 "How Are You?" 정도였다. 초등학교 수준이었지만 생존 영어를 빠르게 습득하며 다행히 캐나다 유학생활을 잘 마칠 수 있었다. 유학을 다녀온 뒤 영어 교사 경력을 살려 초등학교 영어강사가 되었다. 여전히 나의 영어 실력은 초등학생을 가르칠 정도의 수준이었다. 하루에 4시간 정도 수업을 하고 나면 목이 찢어질 것처럼 아팠다. 방과후 선생님이 못 오시는 날에는 내가 그 수업까지 도맡아 너무 무리한 탓에 대상포진이 오기도 했다.

하루에 9시간씩 수업을 하고 나면 밥먹을 기운도 없이 쓰러져 잔 적도 있다. 하지만 내가 하기 싫다고 해서 거절할 수도 없는 노릇이었다. 내가 거절하면 다른 누군가가 대신 해야 했고, 딱히 영어수업을 대신할 교사도 없었다.

내가 계속 영어수업을 하면서 살았다면 어땠을까? 아직도 200만 원 가량 되는 월급으로 83만 원씩 적금을 넣고 1년이면 1,000만 원의 돈을 저금할 수 있었을 것이다. 그 돈을 예금으로 돌리고, 다시 83만 원씩 새로운 적금을 시작했을 것이다. 그리고 나에게는 100만 원이 조금 넘는 현금이 남아 있고 여기서 지난 달에 쓴 카드값을 메꾸느라 마이너스 통장을 만들며 살아갔을 것이다. 가지고 싶은 명품 가방은 평생 한 개도 갖기 힘들었을 것이며, 가품 가방을 찾아다니거나 중고 사이트를 뒤졌을지도 모른다.

나는 여행 다니는 것도 좋아하는데 지금까지 20여 개국 40개의 도시를 여행했다. 하지만 모두 럭셔리 여행은 아니었다. 초저가 여행을 찾아 자랑스럽게 아끼고 아껴 100만 원 미만으로 다녀온 게 전부였다. 지금 생각해보면 그동안 누려보지 않았기 때문에 그게 최고의 삶인 줄 알고 살았던 것 같다. 하지만 네트워크 마케팅 사업을 시작하고 난 뒤 경험한 초럭셔리 여행은 정말 급이 다른 화려한 여행이었다. 공항에서부터 마치 연예인 팬클럽이 준비한 듯한 플랜카드가 우리를 환영했고, 내리자마자 리무진이 우리를 기다리고 있었다. 리조트를 통째로 빌리는 것은 물론이고 유니버셜 스튜디오를 통째로 빌려 놀이동산 안에서 만찬을 한 적도 있다. 내가 네트워크 마케팅 사업을 시작하지 않았다면 평생 누려보지 못할 최고의 경험들이었다.

많은 사람들이 좋은 직장을 그만두고 왜 하필 다단계를 하느냐고 입을 모았다. 하지만 나는 그 사람들이 당장 나의 다음 달 생계를 책임져주지 않을 것임을 알고 있었다. 나는 내 인생의 운전대를 다른 사람에게 맡기지 않고, 내가 잡고 있는 것이 좋았다. 내가 속도도 조절할 수 있고, 쉬었다 갈 곳도 정할 수 있다. 컨디션이 좋을 때는 빠르게 가고, 가다가 예쁜 길이 나오면 꺾어서 돌아가기도 한다. 4년 전 모두가 말릴 때 시작한 덕분에 나는 코로나로 어려운 시절에도 일을 놓지 않고 할 수 있었고, 오히려 코로나 이전보다 온라인을 활용해 더욱 편리하게 돈을 벌 수 있게 되었다.

"행복은 돈으로 살 수 있다. 어쩌면 행복을 사기에 돈이 약간 부족할지도 모른다."

인터넷에서 돌아다니는 이런 문구를 본 적이 있다. 만약 지금 월급에서 100만 원이 더 생긴다면 당신의 기분은 어떨까? 아마 누가 나에게 싫은 소리를 해도 입가에 미소가 떠나지 않을 것이다. 여윳돈 100만 원으로 그동안 하고 싶었지만 못한 일들을 할 수도 있다. 가지고 싶었던 물건을 살 수도 있고, 그동안 하고 싶었던 헤어스타일에 도전해볼 수도 있다. 사용해보고 싶었지만 다소 부담스러운 가격이었던 고가의 드라이기를 살 수도 있고 아이들 운동화도 새로 사줄 수 있다. 부모님 침대도 바꿔드릴 수 있고, 가족끼리 펜션에 놀러가서 행복한 추억을 만들 수도 있다.

자본주의 사회에서 인간의 편리함과 행복에 큰 영향을 주는 것이 돈임은 분명하다. 그렇다면 지금 우리는 돈을 더 빠르게 많이 벌 수 있는 방법을 끊임없이 알아보고 연구해야 한다. 나는 그 대안 중 하나로 네트워크 마케팅 사업을 추천하는 것이다. 평범한 사람이 브랜드 체인지를 하는 것만으로 부자가 될 수 있는 골든티켓을 거머쥘 수 있는 것이다.

아직도 네트워크 마케팅 사업이 남에게 피해를 주고, 불편한 이야기를 해야 하는 직업이라고 여기는 사람들이 많다. 하지만 나는 내 동생한 명을 추천한 것을 시작으로 4년 만에 월 2,000만 원을 버는 최고 직급자가 되었다. 처음 내가 일을 시작했을 때는 제품을 써보겠다는 사람들이 몇 있었지만 나와 사업을 해보겠다는 사람은 단 한 명도 없었다. 아마 아무 경험도 없는 내가 못미더웠던 모양이다.

그런데 내가 이 사업에서 성공할 수 있었던 이유는 어쩌면 영업 경험이 없었기 때문인지도 모른다. 아는 것이 없기 때문에 배우려고 노력했고 세미나에 참석하는 시간도 많았다. 사람 한 명 한 명이 좋아 진심으로 다가가기 시작했고 지금의 관계를 구축할 수 있었다. 네트워크 마케팅 사업은 후원 수당을 받는 대수가 거의 무제한이기 때문에 다운라인에 누가 올지는 아무도 모른다. 그것이 선점해야 하는 이유고, 그래서 더욱 매력이 있는 비즈니스인 것이다. 내 주변에 성공한 억대연봉자들은 생활 속에서 자연스럽게 이 사업을 전달한다. 이 비즈니스가 돈을 버는 것을 넘어 누군가의 인생을 멋지게 바꾸어주는 도구임을 확신하기 때문이다. 직장인에서 네트워커로의 도전, 절대 쉽지는 않았지만 분명 가치 있었다고 확신한다. 나는 내 인생에서 가장 큰 용기를 냄으로써 새로운 부의 추월차선으로 갈아탄 것이다. 자, 이제는 당신 차례다.

결국 돈 되는 보상플랜이 승리한다

분당으로 이사온 지도 1년이 지났다. 오랜만에 고향인 순천에 내려가 기존 파트너들도 만나고 시간을 내서 어릴 적 친구와 저녁을 먹게 되었다. SNS로 나의 근황을 지켜보던 친구는 요즘 다른 회사의 네트워크 마케팅 사업을 시작한 친구 이야기를 하며 "네트워크 회사는 다 똑같은 거 아니야?"라고 말했다. 내 친구뿐만 아니라 아마 대부분의 사람들이 네트워크 회사의 구조가 다 똑같다는 생각을 가지고 있을 것이다. 하지만 결론부터 말하면 전혀 아니다.

합법적인 네트워크 회사의 보상플랜은 매출의 35%까지만 사업자 수당으로 제공할 수 있다. 이를 넘어가면 불법이 된다. 불법 네트워크는 주로 질 낮은 재화를 좋다고 속여 터무니없이 비싼 가격에 팔거나, 법으로 정한 금액 이상의 수당을 제공한다며 사행성 투자를 조장한다. 또는 재화가 없는 상품을 판매하기도 한다. 만약 당신이 네트워크 마케팅을 통해 추가 수입을 벌고 싶다면 회사마다 다른 이 보상플랜을 철저하게 조사해야 한다. 즉, 돈이 되는 보상플랜인지 아닌지 확인해야 한다는 것이다. 똑같은 매출을 올렸을 때 더 빠르고, 쉽고, 많이 받아가는 것이 포인트기 때문이다. 대부분 초보 사업자들은 절대 눈치챌 수 없게 소비자가 현혹되기 쉬운 숫자 장난들이 많고 복잡해서 직급 이름조차 외우기 힘든 경우도 많다. 언뜻 보면 다른 회사보다 많이 주는 것처럼 보이고, 자신의 회사가 가장 좋다는 인식을 심어줄 수 있기 때문이다.

관건은 이 35%를 어떻게 쪼개서 나누는지를 살펴보는 것이다. 보통 네트워크 회사들의 수당 지급기준은 포인트다. 각 아이템별로 직급에 따라 또는 수량에 따라 구매하는 가격과 기준이 다를 수 있다. 그리고 수당을 지급하는 기준도 회사마다 제각각이다. 직급에 따라 1~35%를 분배해서 나누어 주는 기준이 다르고, 산하 팀매출의 몇 %를 지급하거나 회사 전체의 수익을 분배해주는 회사도 있다. 내 산하 매출의 70%를 수당으로 지급하는 것보다 회사 전체 매출 1%가 더 클 수도 있기 때문에 단순히 숫자만 보지 말고 나에게 잘 맞는 회사인지 보상플랜을 철저히 파헤쳐보는 것이 중요하다.

유지 문제도 빼놓을 수 없다. 오토십과 같이 매달 지불해야 되는 금액이 있는 회사도 있고, 처음 진입 금액이 높은 회사도 있다. 또는 둘 다 유지해야 하는 회사도 있고, 중간 직급이나 최고 직급을 달성했다 하더라도 매월 일정 금액 이상이 되지 않으면 수당을 받을 수 없는 곳도 있다. 네트워크 마케팅 사업은 소매 판매나 후원 방문판매와는 그 결이 완전히 다르다. 제품을 도구로 함께 조직사업을 할 파트너를 찾는 것을 목적으로 하기 때문에 체인점 늘려가듯이 평생 함께할 동반자를 찾는 것이다. 때문에 적은 금액이라도 매월 구매해야지만 수당을 받을 수 있는 구조는 전업으로 하는 나는 유지할 수 있을지 몰라도 이제 사업을 시작한 팀원들에게는 어렵기 때문에 곰곰이 생각해보아야 할 문제다.

몇 년 전 직장에 다닐 때 이야기다. 학교에서 함께 근무한 선생님께서 퇴직하시고 네트워크 마케팅 사업을 시작하셨다며 정수기와 공기청정기를 추천하러 오셨다. 그때 당시 부모님과 함께 살고 있었던 나는 정수기와 공기청정기가 딱히 필요한 물건이 아니었다. 도와드리고 싶었지만 가격도 고가였고 가전제품이었기 때문에 필요하다면 다른 제품과 디자인, 가격, 편리성을 비교해 보고 싶은 마음이 컸다. 매일 방문하셔서 어려운 사정을 이야기하시자 함께 듣고 계시던 선생님 한 분이 정수기를 구매해주셨다. 가격은 약 100만 원 정도였고 현직에 계실 때 함께 근무하던 사이라고 하셨다.

그때는 그 선생님께서 왜 정수기 구매를 강요하셨는지 알지 못했는데 내가 네트워크 마케팅 사업을 시작하고 나서 알게 되었다. 회사마다 다르겠지만 일부 회사들은 아이템별로 포인트가 전부 다르다. 예를 들면 나는 필수품인 생리대가 필요한데 생리대는 포인트가 낮고, 나는 정수기가 필요 없지만 정수기는 포인트가 높다. 상대적으로 유통하는 사람은 포인트가 높은 정수기를 유통해야 수당이 높아지기 때문에 포인트가 높은 물건을 강요하게 되는 것이다. 즉, 상대가 원하는 물건만 팔 수 없는 구조인 회사도 있기 때문에 이 부분도 잘 따져봐야 한다.

또한, 네트워크 마케팅 사업을 '프랜차이즈 사업'이라고도 한다. 백종원 대표와 이연복 쉐프는 둘 다 요리로 유명해진 분들이지만 이연복 쉐프는 자신이 요리를 하지 않으면 수입이 줄어드는 반면 백종원 대표는 본업이 아닌 방송을 하지만 그의 수입은 점점 늘어간다. 백종원 대표가 방송을 하고 있는 동안에도 그의 체인점들은 열심히 수익을 창출하고 있기 때문이다. 네트워크 마케팅 사업도 백종원 대표와 같다고 이해하면 쉬울 것이다. 내가 잠자는 동안에도 지구 반대편 미국에서는 사업을 진행하며 나의 멤버십을 함께 늘리고 있기 때문이다.

처음에는 직장생활처럼 평일 5일 동안 8시간 근무하고 주말 이틀을 쉰다 같은 규정이 없기 때문에 일하는 시간은 많고 수입은 만족스럽지 않을 수 있다. 하지만 나와 함께하는 점포들이 늘어나면서 임계점을 지나고 나면 파트너들이 함께 만들어준 매출을 모두 공유받을 수 있다. 처음에는 판매인 것처럼 보이지만 판매가 아니라는 이유가 바로 여기에 있다. 판매를 하는 것처럼 보이는 활동 속에서 나와 함께할 파트너를 찾는 것이다. 마치 모래를 살살 긁어 보석을 찾는 일과 같다. 사업이 점차 확대되면 속도는 더 빠르게 진행되고, 나만의 유통회사가 만들어지는 것이다. 상상해보라! 내 산하로 수천, 수만 개의 점포들이 매일 나와 함께 움직여 준다면 얼마나 좋을까? 이것이 바로 네트워크 마케팅 사업이다.

　'글로벌 원서버'인지도 꼭 확인해야 한다. 요즘처럼 전 세계인들이 하나가 되어 살아가는 시대에 어느 나라의 파트너가 생길지 모르기 때문이다. 나 역시 산하에 중국을 비롯해 미국, 말레이시아, 싱가폴, 몽골, 일본, 필리핀, 베트남, 미얀마, 호주, 볼리비아, 카자흐스탄, 독일, 유럽 등 10여 개가 넘는 나라에 파트너들이 있다. 모두 다 내가 직접 알게 된 사람들은 아니다. 누군가를 거쳐 제품이 전달되고, 지인을 통해 사업이 전달되며 온라인으로 연결되어 함께하고 있는 사람들이다. 중국에서 주문해도 물건을 받을 수 있고, 거기에 대한 멤버십과 매출은 서로 공유된다.

　나는 사업 특성상 다양한 리더들도 많이 만나게 되는데, 외국계 네트워크 마케팅 사업을 진행하던 리더를 만난 적이 있다. 그분은 진정한 글로벌 원서버 회사를 찾고 있다고 했다. 터키 쪽 사업을 진행하면서 엄청난 매출을 올렸음에도 불구하고 회사가 매출을 인정해주지 않아 승급도 못하고 수당도 받지 못한 경험이 있다고 했다. 네트워크의 비전은 알지만 이처럼 회사와의 큰 트러블이 생겨서 사업에 위기를 겪을 수도 있으니 미리 꼼꼼히 체크하길 바란다.

　많은 사람들이 방문판매와 후원 방문판매 그리고 네트워크 마케팅 사업의 차이점에 대해 잘 알지 못한다. 심지어 사업을 진행하고 있는 사업자들조차 정확한 개념을 모르고 사업을 진행하기 일쑤다.

만약 정확한 정보를 알고 싶다면 나를 찾아오면 된다. 실제로 책을 계기로 상담을 받고 사업을 결정해, 매달 건물주처럼 월세 같은 수익을 받아가시는 분들도 있다.

이것들은 인적 네트워크를 통해 물건을 유통한다는 공통점이 있지만, 수익 구조가 완전히 다르다. 자세히 비교해보면 다음과 같다.

방문판매 : 말 그대로 사업자가 소비자를 찾아다니면서 판매하는 것을 의미한다. 지금은 많이 사라졌지만 과거에는 화장품 판매원이 화장품을 들고 다니면서 판매를 했는데, 자기가 판매한 금액의 일정 부분을 수당으로 가져간다.

후원 방문판매 : 다단계와 방문판매를 절충한 것인데, 내가 판매한 것에 대해서는 기존 방문판매처럼 수당을 받고, 내가 소개해서 사업을 시작한 누군가가 있을 때 그 판매원에 대해서도 수익이 올라오는 것을 말한다(후원 수당 2단계까지만 가능).

네트워크 마케팅 : 후원 방문판매에서는 1~2번까지만 수당을 받을 수 있었다면 네트워크 마케팅은 내가 직접 판매한 수당도 받고, 내가 소개한 누군가의 수당도 받고, 그 사람이 소개한 사람, 그다음 사람이 소개한 사람 등 내가 직접 소개해지 않아도 후원수당을 거의 무한대로 받을 수 있는 사업을 말한다.

이해하기 쉽게 주유소를 예로 들자면 주유소에서 주유해서 나에게 포인트를 주는 것(직접 판매), 내가 이 주유소를 누군가에게 소개했을 때 나에게 추천 수당을 주는 것(후원 방문판매), 내가 소개해준 사람들이 누군가를 소개해도 무제한으로 나에게 포인트를 주는 것(네트워크 마케팅), 이렇게 비교할 수 있겠다.

이게 바로 내가 네트워크 마케팅 사업을 좋아하는 이유다. 내가 구축해놓은 시스템을 활용해 나를 복제시키는 사업이면서, 내가 직접 소개하지 않아도 나에게 무제한으로 멤버십이 구축되는 일을 왜 하지 않는 것일까? 네트워크 마케팅은 누군가에게 피해를 주는 사업이 아니다. 정보를 전달하고 선택은 정보를 접한 사람 스스로 하는 것이다. 평범한 사람들이 부자가 될 기회를 안내하고 누군가의 인생을 아름답고 풍요롭게 바꾸는 일이 바로 네트워크 마케팅 사업이다. 기회는 눈 깜빡할 사이에 당신 앞을 지나가버릴 것이다. 네트워크 마케팅 사업이 상식이 되기 전, 지금이 바로 부자가 될 절호의 타이밍이다!

지금 당장 월세 파이프라인을 구축하라

지방 출장을 가는 길이었다. 김포공항에 일찍 도착해 커피를 마시며 일행을 기다리기로 했다. 카운터에 가서 주문을 하려니 아르바이트생이 입구 쪽의 기계를 가리키며 카드는 기계에서 주문해야 한다고 했다. 요즘은 키오스크가 보편화되어 있지만 사람 대신 기계로 주문을 해야 한다고 생각하니 씁쓸한 기분이 들었다. 나는 일단 키오스크 앞으로 가 줄을 섰다. 내 앞에는 노부부가 커피를 주문하기 위해 열심히 고군분투하고 계셨다. 5분이 지나자 결국 나에게 도움을 요청하셨다. 그럴 만한 게 아이스 아메리카노를 주문하는 데도 HOT, ICE 중에서 선택하고, 컵 사이즈부터 원두 종류, 얼음의 양, 매장 안에서 먹을 건지 가져갈 건지에 더해 결제방법, 보너스카드, 할인적립카드 등 선택해야 할 정보들이 너무 많았다. 젊은 나도 헤매는데, 어르신들은 오죽하겠는가! 이제 어르신들도 키오스크 다루는 법을 배우지 않으면 커피도 마음대로 사 먹지 못하는 시대가 올 것 같았다.

　일부 운행되고 있는 자율주행차만 보아도 운전하는 직업은 물론, 주문 및 서빙을 하는 직업까지 기계로 대체되면서 향후 20년 안에 사라질 가능성이 있는 직업들이 너무나 많다. 특히 우리가 매일 접하는 텔레마케터나 은행 관련 업무, 회계사, 금융전문가 등도 안전하지 못하다. 1970년도에는 대학에 가는 사람도 많지 않았고, 공부해서 대학만 졸업하면 취직을 해서 정년까지 직장에 다니고 금리도 높아 저축으로도 부자가 되고 직장에 다니면서 집을 살 수 있었다. 하지만 요즘은 대학 진학률이 높아지고, 취직의 문턱은 더욱 높아졌으며 직장 월급만으로 내 집을 마련하기는 하늘의 별 따기인 세상이다. 이제는 평생 직장이 아니라 투잡을 뛰어넘어 N잡의 시대인 것이다.

　일부 사람들은 아직도 네트워크 마케팅 사업에 대해 부정적인 편견이 있지만 대부분의 사람들이 본업만으로는 생활하기 몹시 힘들다고 이야기한다. 그런데 몸이 직장에 얽매여 있다 보니 대리운전이나 배달 아르바이트를 하기도 하고, 자본의 여유가 조금 있다면 주식이나 코인으로 용돈벌이를 하곤 한다. 평범한 사람들이 가장 원하는 연봉은 억대 연봉, 바로 월 1,000만 원 소득이다. 나는 이 금액을 뛰어넘어 내가 현재 받고 있는 평균 소득인 월 2,000만 원을 벌 수 있는 가장 빠른 방법을 소개하려고 한다. 나 역시 평범한 직장인 시절에는 월 1,000만 원이면 원하는 것도 마음껏 사고 성공한 인생을 살 수 있을 것이라고 생각했다. 하지만 소득이 높아짐에 따라 소비도 늘어나고, 저축도 하고, 미래를 위해 투자도 하려면 더 많은 돈이 필요해졌다.

우리가 흔히 억대연봉이라고 이야기하는 직업들은 바로 대기업 임원, 의사, 대박집 사장님, 성공한 세일즈맨, 연예인 등일 것이다. 하지만 이 가운데 여러분이 할 수 있는 것은 무엇인가? 시간과 돈을 맞바꾸는 노동 소득만으로는 월 1,000만 원을 버는 게 하늘의 별 따기다. 하지만 시스템에 따라 시간과 노력을 잘 집중한다면 네트워크 마케팅의 세상에서는 월 1,000만 원은 6개월, 1년 사이에도 가능하다. 이 이론을 이해하기 쉽게 풀어놓은 우화가 있다. 바로 버크 헤지스(Burke Hedges)가 쓴 《파이프라인 우화》다.

어느 날 이 두 사람에게 인생을 역전시킬 절호의 찬스가 찾아왔다. 바로 마을에 물이 필요했던 것이다. 브루노는 건강한 신체를 이용해 물을 퍼나르기 시작했고 파블로는 온종일 일을 해보니 노동이 너무 힘들다는 것을 깨달았고 '어떻게 하면 조금 더 쉽고 빠르게 물을 길어올까'라는 고민을 하기 시작했다. 그 결과 강에서 마을까지 파이프라인을 연결하는 방법을 개발해냈다. 파블로는 시간분배를 해서 점심때까지만 물통을 나르고 나머지 시간은 파이프라인을 어떻게 하면 빠르게 연결할 수 있을지에 시간을 보냈다. 그러는 동안 브루노는 많은 돈을 벌었고 아직도 파이프라인만 쳐다보고 있는 파블로를 비웃기 시작했다. 몇 개월 뒤 파블로는 파이프라인을 거의 완성했고 노동으로 물을 나르는 시간이 줄어들자 파이프라인을 구축하는 시간을 더 늘릴 수 있었다.

다른 사람들이 노는 동안 열심히 파이프라인을 구축한 파블로는 드디어 파이프라인이 완성되는 꿀맛을 경험했다. 내가 지금 하고 있는 네트워크 마케팅 사업도 파블로가 한 일과 일맥상통한다. 처음에는 다들 바보 같다고 비웃었지만 경제적 자유를 이루어가는 내 모습을 보며 축하해주는 사람들이 늘어났다. 이제는 돈을 빌려달라는 친구들의 전화를 받기도 하고, 돈을 버는 방법을 물어오는 친구들도 생기기 시작했다. 그리고 내 유튜브나 인스타그램을 보고 해외 사업자까지 찾아와 비즈니스를 배우고 싶다고 이야기한다. 현재 미국, 중국, 싱가포르, 러시아, 말레이시아, 일본, 몽골, 미얀마, 필리핀, 유럽 등 10여 개국이 넘는 나라의 파트너들과 함께 일하고 있다.

얼마 전, 일주일간 싱가포르-말레이시아 크루즈 여행을 다녀왔다. 기항지 세 곳 모두 해외 사업자가 거주하는 지역이어서 크루즈 여행을 하면서 기항지에서 미팅을 하기도 했다. 크루즈에서 내리자마자 가족이 마중나오듯 파트너 사업자들이 환하게 웃으며 우리를 맞아주었다. 여행을 하면서도 한국 사업자들은 열심히 파이프라인을 구축하는 활동을 했고, 잠자는 동안에도 돈이 들어온다는 말을 실감하게 됐다.

요즘은 인터넷이 발달되어 직접 만나지 않아도 줌미팅을 통해 글로벌 사업이 가능하다. 시간과 비용을 아낄 수 있다는 장점이 있고, 언제 어디서 누구와도 미팅을 진행할 수 있다. 이런 기술들이 궁금한 사람들 역시 나를 찾아오면 된다. 많은 사람들에게 정보를 제공하고 삶을 윤택하게 만드는 것 역시 네트워크 마케팅 사업의 장점이기 때문이다. 다른 사람들에게 도움이 되고 삶의 질을 높여주는 것이 바로 부자가 되는 방법인 것이다. 사람들이 필요한 것을 제공해줌으로써 부호가 된 파블로처럼 단순한 제품 판매가 아닌 비즈니스로 접근함으로써 산하 사업자들의 니즈를 충족시켜주어야 한다.

앞서 우화처럼 평범한 사람들이 파이프라인 구축을 통해 월 2,000만 원의 소득을 1년 안에 창출할 수도 있다는 것, 그것이 바로 네트워크 마케팅 사업의 매력이다. 네트워크 마케팅 사업은 판매가 아니라 판매처럼 보이는 홍보활동을 통해 돈이 되는 정보를 전달하는 일이다. 그리고 그 활동을 통해 비즈니스에 관심 있는 사업 파트너를 찾고, 무점포 가맹점을 늘려가는 일이다. 내가 직접 지인들에게 제품을 판매하지 않아도 입소문을 통해 누군가가 나의 파트너가 되는 것이다. 굳이 내가 직접 판매하지 않아도 다운라인 파트너의 파이프라인이 곧 나의 파이프라인의 일부가 되는 것이다. 즉, 네트워크 마케팅 사업의 핵심은 바로 이 파이프라인 구축에 있다. 그래서 포기하지만 않으면 이 파이프라인이 완성되는 순간, 월 2000만 원의 소득을 달성할 수 있는 것이다.

물론 처음부터 이렇게 큰 소득이 되는 것은 아니다. 나 역시 2년간 33,000원짜리 재생크림 하나를 판매하면서 이 사업을 시작했다. 누구나 처음부터 말을 잘하거나 사업설명을 잘하는 것은 아니다. 나의 경우에는 처음에는 내가 먼저 제품을 사용해보고 좋아서 동생에게 추천했고, 동생이 동료들에게 소개했다. 나 역시 주변 동료 선생님들이 "화장품을 뭘 쓰는데 얼굴이 이렇게 반짝거려?"라고 물어보면 내가 쓰는 제품을 테스트받도록 소개하면서 사업이 시작되었다. 보통 회사에 적응해서 일을 능숙하게 하는 데 시간이 걸리는 것처럼 네트워크 마케팅 사업도 조직을 구축하는 데 최소 3개월가량 걸린다. 이 3개월 동안 조직을 만드는 방법을 제대로 배우는 것이 좋다. 그래야 나머지 조직들도 튼튼하게 기를 수 있는 초석이 되기 때문이다.

본업을 그만둔 뒤 시작하려고 하지 말고 현직에 있을 때 조금씩 시간 투자를 하며 일도 배우고 소득도 늘려나가는 편을 추천한다. 나 역시 부업으로 시작해 부업의 소득이 본업의 소득을 뛰어넘는 순간 사표를 가슴에 품었다. 리스크가 없는 것도 네트워크 마케팅 사업의 큰 장점이다. 큰돈이 들어가는 것이 아니기 때문에 시간 투자만 한다면 충분히 부업으로 시작해 전업으로 키워 나갈 수도 있을 것이다. 또한, 네트워크 마케팅 사업은 지인을 보고 하는 사업이 절대 아니다. 그 사람이 성공했더라도 나는 아닐 수 있고, 그 사람이 아니더라도 나는 성공할 수 있다. 직접 사업설명회에 가서 다음 4가지 포인트를 꼭 확인하길 바란다.

회사 : 아무리 좋은 제품과 돈이 되는 보상플랜이라도 회사가 없어지면 권리소득을 받지 못한다.

제품 : 한 번 사용해보고 제품력을 느끼지 못하면 입소문이 나기 어렵고 현장에서 일하기가 몹시 힘이 든다.

보상플랜 : 내가 할 수 있는 보상플랜인지, 유지가 있지는 않은지, 매출 대비 받을 수 있는 소득이 높은지도 꼭 확인해야 한다. 50%의 수당을 지급한다고 해놓고 수당을 지급하는 기준인 포인트가 매출액 대비 현저히 낮은 경우도 있고, 특정 제품만 포인트가 높아 강매를 해야 되는 경우도 있다.

롤모델 : 이 회사에서 성공모델들이 많은지도 살펴봐야 한다. 최고 직급자를 볼 수 없거나 소수라면 끝까지 가기 어려운 경우가 많다.

어쩌면 지금 당신이 하는 생각은 월 200만 원을 벌고 싶은 사람들의 생각일지 모른다. 만약 당신이 월 2,000만 원을 벌고 싶다면 당신이 하는 생각의 결을 지금 당장 바꿔야 한다. 지금 상황에서 나에게 어떤 변화를 줄지, 어떻게 하면 돈을 벌 수 있을지에 집중한다면 결과는 심플해진다.

현재 대한민국에만 140여 개의 합법적인 네트워크 회사들이 있다. 만약 당신이 네트워크 마케팅 사업에 관심이 있다면 이 회사들 중 하나의 회사를 선택해서 일하게 될 것이다. 회사 선정까지는 꼼꼼하게 따져보는 것이 좋다. 대신 시작하고 난 뒤에는 절대 뒤를 돌아보지 말고 집중해서 앞으로 나아가길 바란다. 생각보다 폐업과 개업을 반복하는 사람들이 많기 때문이다. 뒤돌아볼 시간에 앞서 말한 브루노와 같은 경제적 자유를 위해 당신의 월세 파이프라인을 열심히 구축하길 바란다.

CHAPTER 4

평범한 사람이 단기간에 부자되는 7가지 원칙

원하는 것에 과감하게 대가를 지불해라

우리는 어릴 적부터 '세상에 공짜는 없다'라는 말을 많이 들으며 살아왔다. 원래 이 말은 미국의 경제학자인 밀턴 프리드먼(Milton Friedman)이 쓴 말로 '세상에 공짜 점심은 없다 (There Is No Such Thing As A Free Lunch)'라는 말에서 유래되었다. 1900년대 초중반 미국 술집에서 술을 마시면 무료로 점심을 제공한 것에서 나온 말인데, 공짜 점심을 먹으려면 그만큼 술을 많이 마셔야 하기 때문에 따지고 보면 공짜가 아니라는 말로 해석된다.

즉, 어떤 것을 얻으려면 반드시 상응하는 대가를 치러야 하는데, 경제학에서는 이를 '기회비용'이라고 한다. 공짜처럼 보이지만 숨겨진 비용을 잘 표현한 이솝우화 〈야생 나귀와 집 나귀〉 이야기를 살펴보자. 산속에 사는 야생 나귀는 집 나귀를 보고 매우 부러워했다. 자기는 항상 거친 산속에서 무서운 천적에게 쫓기고, 먹이가 부족해 배를 곯기 일쑤인데 집 나귀는 따듯하고 안전한 집에서 주인이 주는 먹이를 날름날름 받아먹으며 편하게 살기 때문이었다. 야생 나귀가 보기에 집 나귀는 먹이 걱정도, 천적 걱정도 전혀 없이 마냥 행복한 듯했다. 하지만 얼마 지나지 않아 야생 나귀는 깜짝 놀랄 만한 광경을 보게 됐다. 집 나귀가 커다랗고 무거운 짐을 등에 싣고 힘겹게 걸어가는 게 아닌가? 게다가 나귀 주인은 집 나귀에게 고래고래 소리를 지르며 사정없이 채찍질을 해댔다. 야생 나귀는 기겁하며 뒷걸음질쳤다. 자신이 부럽게만 생각했던 집 나귀의 편안한 생활은 실은 무거운 짐을 나르고 주인의 채찍질을 맞는 대가라는 사실을 깨달았기 때문이다. 야생 나귀는 고개를 절레절레 흔들며 다시 산속으로 풀쩍풀쩍 달아나버렸다. 아마 이때 야생 나귀는 이렇게 생각하지 않았을까? '세상에 정말 공짜는 없구나!'

대부분의 사람들은 아무것도 하지 않고 공짜로 무언가를 얻는 것을 좋아한다. 이런 사람들은 자신이 성공하기 위해 노력하기보다 로또에 당첨되거나 자신에게 행운이 찾아오기를 바란다. 결론부터 말하자면 절대 그런 일은 없을 것이다. 그리고 로또에 당첨된 사람들조차 80% 이상이 갑자기 생긴 거액의 당첨금을 주체하지 못하고 당첨되기 전의 삶보다 더욱 못한 삶을 살다가 생을 마감한다. 요즘에는 주식이나 코인으로 아무 일도 하지 않고 거저 얻어지는 돈을 바라다가 빚을 지거나 큰돈을 잃은 사람들도 많이 볼 수 있다. 잃은 돈은 계산하지 않고 한 번에 크게 번 일회성 돈만 기억하며 자랑하고 다닌다.

반대의 경우도 있다. 발레리나 강수진은 최고 경지에 오르기까지 원래 예뻤던 발이 외계인 발이 되도록 피땀을 흘려가며 노력했고, 하루에 무려 19시간, 1년에 1,000켤레가 넘는 신발이 닳도록 연습했다고 한다. 지독한 연습벌레로서 중년의 나이에도 아름다운 몸짓을 보여줄 수 있는 것도 쉼 없이 연습한 덕분이다. 그녀는 아직도 매 순간 최선을 다한 결과일 뿐이라며, 성공을 향한 길은 오로지 노력밖에 없음을 강조하고 있다. 강수진의 발과 함께 축구선수 박지성의 발도 유명한 발 중 하나다. 2002년 월드컵의 성공신화를 주도한 박지성 선수는 평발이다. 자신이 평발인지도 모르고 축구를 했다고 한다. 그러니 남들보다 몇 배는 더 열심히 노력했을 것이다.

이처럼 자신이 원하는 것을 얻고 부자가 되기 위해서는 금전이든 시간이든 노력이든 반드시 대가를 지불해야 한다. 그리고 돈을 벌기 위해서 가장 중요한 것은 돈을 잘 써야 한다는 사실이다. 돈을 버는 방법도 아니고, 돈을 쓰는데 다시 돈이 따라온다는 사실이 이상하지 않은가?

우리가 부자가 되기 위해서는 부자처럼 돈 쓰는 법을 익히면 된다. 지금 눈을 감고 당신이 생각하는 부자 이미지를 떠올려보라! 어떤 이미지가 떠오르는가? 허름한 차림에 아디다스 삼선 슬리퍼를 신고 있는 모습이 떠오르는가? 아니면 멋진 수트에 비싼 외제차에서 선글라스를 쓰고 내리는 모습이 떠오르는가? 아마 후자일 것이다. 부자들은 원하는 것에 과감하게 대가를 지불한다. 부자들이 비싼 명품에 대가를 지불하는 이유는 단순히 사치를 넘어 그 가치를 알아보기 때문이다. 그리고 그 가치들을 통해서 더욱 큰 부를 창출하기 때문이다.

　나도 처음에는 이 말을 이해하지 못했다. 내가 처음 이 사업을 시작하고 돈을 벌기 시작했을 때에도 과거 교사 시절에 타던 차를 그대로 몰고 다녔다. 하얀색 2,000cc 준중형 차였다. 그때까지 나에게 차는 이동수단에 불과했고, 고장난 데가 없으니 타는 데도 무리가 없었다. 그런데 어느 순간 깨닫게 되었다. 나는 네트워크 마케팅 사업의 비전을 이야기하는데 사람들은 자꾸 내 차와 가방이 무슨 브랜드인지를 확인한다는 사실을 말이다! 처음에는 그런 사람들이 속물처럼 느껴졌고, '나만 아니면 되지 뭐' 하는 생각으로 차에 대한 욕심을 부리지 않았다. 그런데 일이 잘되는 다른 사람들을 지켜보니 전부 차를 바꾸고, 의상을 바꾸고, 행색을 바꾸니 일이 더 잘된다는 사실을 알게 되었다. 즉, 돈을 버는 티를 팍팍 내고 다니는 것이었다.

　그래서 나도 한번 따라 해보기로 했다. 외제차가 얼만지도 몰랐고 차에는 관심도 없었던 탓에 정말 지나가는 차들을 보고 예쁜 차를 고르기 시작했다. 그런데 정말 에너지가 차에 집중되어 있다 보니 예전에는 보이지 않던 것들이 눈에 들어오기 시작했다. 저 차는 저 부분이 마음에 안 들고, 이 차는 이 부분이 예쁘고…. 비싼 돈을 주고 사는 것이라 꼭 마음에 드는 것을 사고 싶어서 하나씩 나의 취향을 분석해나가기 시작했다. 그러다 '아! 예쁘다'하는 차를 찾게 되었다. 내가 사고 싶은 디자인의 차는 단종되어서 그다음 최신으로 출시된 외제차를 구입하게 되었다. 내가 만약 네트워크 마케팅 사업을 하지 않았다면 평생 타보려고 생각하지도 못할 사치스러운 차였다.

그럼에도 불구하고 30대에 외제차를 타보고 싶은 꿈을 이뤘다. 무엇보다도 가지고 싶었던 차를 사면서 굉장히 기쁜 마음을 감출 수 없었다. 처음으로 나에게 큰돈을 써본 경험이었다. 차에 관심도 없던 내가 차가 빨리 출시되기를 손꼽아 기다리고, 차 안에 어떤 악세사리를 넣을까 즐거운 고민을 하며 시간을 보내기도 했다. 기분이 좋아서인지 하는 일도 술술 더 잘 풀리고, 오랜만에 만난 사람들도 바뀐 차를 보면서 내가 말하지 않아도 '요즘 일 잘되나 봐' 하며 부러워했다. 그리고 거기에 걸맞는 노력을 하며 나의 연봉은 계속 높아지기 시작했다.

지금 나는 예전의 나와 전혀 다른 생각을 가지고 산다. 예를 들면 예전에 직장생활을 할 때 슈퍼카는 그냥 부자 부모를 둔 사람들이나 로또에 당첨된 사람 또는 자수성가를 한 대단한 사람들이나 타는 차라고 생각했다. 하지만 지금은 어떤 디자인이 예쁜지, 저 차를 탔을 때의 기분이 어떨지, 열심히 일해서 빨리 더 좋은 차를 사고 싶다는 생각이 든다. 그리고 어느새 나는 이런 생각에 어울릴 만한 수입을 얻는 사람이 되어가고 있었다. 돈이 많아서 고급차를 가진 것이 아니라, 고급차를 가지고 싶다는 생각을 했기 때문에 그것을 살 수 있는 돈이 생긴 것이다.

이처럼 무언가를 간절히 원하는 '욕망'이 있어야 그것을 해낼 만한 '힘'이 생긴다. 간절한 사람을 절대 이길 수 없기 때문이다. 어릴 적에 엄마가 시험을 잘 보면 원하는 것을 사준다고 했을 때 공부할 힘이 생기는 것과 같다. 이렇게 스스로에게 동기부여를 해 움직일 수 있는 욕망을 자극시켜주는 방법도 중요하다. 그리고 성장한 내가 누군가에게 동기부여가 되는 것이 곧 네트워크 마케팅 사업을 쉽게 하는 방법 중 하나다. 이 사업이 돈이 된다고 말만 하고 다니는 것이 아니라 진짜 돈 버는 모습을 보여주고, 내 삶이 풍요로워지는 과정을 보여주는 것 자체가 바로 누군가에게 비전이 되는 것이다.

나는 실제로 따뜻한 봄날 드라이브를 가자고 해서 예쁜 커피숍에서 커피를 마시며 미팅한 적이 있다. 나는 그날 보상플랜을 설명하지 않았지만, 1년 전과는 많이 변한 내 모습을 보고 먼저 사업에 관심을 보이며 셀프리크루팅이 된 파트너를 본 적이 있다. 나중에 그녀에게 사업을 결정하게 된 이유를 물어보니 1년 전 똑같이 사업전달을 받았는데 자신과 내가 너무나 차이가 난다는 사실을 알게 되었다고 한다. 자신도 열심히 살아왔는데 변한 게 없고, 심지어 코로나로 인해 더욱 힘들어지고 빚도 지게 되어 자신이 통제할 수 없는 상황 속에서 너무 힘들었다고 한다. 그런데 나는 내 꿈을 향해 멋지게 도전하고 이뤄나가는 걸 보니 부러웠다고 했다. 이것이 바로 부자들이 돈 버는 방법이다.

자신이 원하는 것에 과감하게 대가를 지불해라. 그리고 그것을 활용해 누군가에게 '부러움'을 사라. 부러움을 끌어내 욕망을 자극하는 것이 누군가의 마음을 움직이는 가장 쉬운 방법이 될테니까!

당신을 부자로 만들어주는 말버릇

세상에는 두 종류의 사람이 있다. 매사에 부정적으로 말하는 사람과 아무리 힘든 순간에도 긍정적으로 상황을 재해석해 말하는 사람이다. 이런 반응들은 내가 의식해서 '이렇게 해야지'하지 않아도 평소 버릇처럼 그냥 툭 튀어나와버리는 경우가 많다. 심지어 내가 얼마나 부정적으로 말하는지조차 모르며 평생을 살아가는 사람도 있다. 나 역시 나의 말투나 어투가 누군가에게 상처를 준다는 사실을 모른 채 평생을 살아왔다. 특별히 친하지 않으면 이야기 해주기 예민한 주제일 수도 있고, 나이가 들어가면서 누군가 나에게 진심 어린 조언을 해줘도 바꾸기가 쉽지 않다는 사실을 알기 때문에 굳이 에너지를 써가며 이야기해주지 않는다.

직장생활을 하던 시절 특별히 기억나는 날이 있다. 출근을 하자마자 직장 상사가 나에게 괜히 시비를 걸었다. 그날뿐만이 아니었다. 옷차림부터 출근시간에 이르기까지 나는 잘못한 것이 없는데도 괜히 꼬투리를 잡기 시작하며 나의 신경을 건드린 적이 있다. 이래도 비난, 저래도 비난, 그날은 상사의 기분이 몹시 안 좋은 모양이었다. 화풀이 할 대상이 필요했나 보다. 나는 그녀가 정말 싫었다. 꿈에서라도 나올까 무섭고, 길을 가다 마주치면 정말 얼굴을 가리고 탁 한 대 때리고 싶은 심정이었다. 이 정도로 싫어했으니 당연히 그녀에 대한 이미지는 나에게 부정적으로 남아 있을 수밖에 없었다.

만약 당신이 나와 같은 상황이라면 어떻게 하겠는가? 아마 대부분이 과거의 나처럼 "아 진짜 왜 저래? 왜 자꾸 노처녀 히스테리야! 어디 다른 데로 가버렸으면 좋겠어" 하고 부정적인 말부터 내뱉었을 것이다. 하지만 지금의 나는 그렇지 않다. 그런 부정적인 말버릇이 나에게 하나도 도움이 되지 않는다는 사실을 깨달아버렸기 때문이다. 만약 내가 계속 그 사람을 싫어하고 부정적인 생각과 부정적인 말을 하는 순간 나는 계속 상사가 싫어질 것이고, 그 에너지는 그대로 상사에게 전달될 것이다. 그러면 그 사람 또한 나를 싫어하게 될 것이고, 우리의 관계는 더욱 악화될 것이다. 서로 직장 다니기가 괴로울 것이고, 결국 서로가 고통스러운 시간을 견뎌야 할 것이다.

이렇게 마음이 괴로웠던 사람도 내가 어떤 마음을 먹고 어떻게 말하느냐에 따라 상황이 달라질 수 있다. 만약 내가 "팀장님 오늘 혹시 무슨 일 있으세요? 컨디션이 안 좋으신 것 같아요! 따뜻한 차 드시고 힘내세요"라고 말했다면 어쩌면 화났던 마음이 가라앉으며 나에게 미안한 마음이 들 것이고, 그녀 또한 비꼬아서 보던 내 행동들이 하나씩 예쁘게 보일지도 모른다. 서로의 분노 게이지가 낮아지면서 있는 그대로 소통하다 보면 관계가 더 나아지고, 그러면서 사무실의 분위기가 좋아지고 업무의 능률이 올랐을지도 모른다.

이처럼 말에는 에너지가 있다. "야, 이 멍청아!"라는 소리를 듣고 기분이 좋은 사람은 없다. 이처럼 아무것도 아닌 말에는 의미가 담겨 있고 에너지가 담겨 있다. 실제로 두 개의 식물에 왼쪽은 '사랑', 오른쪽은 '죽음'이라고 이름을 붙여주고, 똑같은 환경에서 식물을 길렀을 때 사랑이라고 붙여놓은 식물이 훨씬 건강하게 잘 자란다. 즉, 긍정의 언어도 반응을 하지만 부정의 언어도 반응한다는 것으로 받아들일 수 있다. 그런데 이 부정의 기운이 긍정의 기운보다 훨씬 힘이 세다는 것을 알아야 한다. 그래서 부정의 언어는 입 밖으로 내뱉는 데 더욱 신중해야 한다. 입 밖으로 내뱉는 순간 70배의 파장이 생겨 다른 사람에게 전파된다고 한다. 그래서 부자가 되기 위해서는 부정적인 생각과 부정적인 말은 생각하지도, 꺼내지도 않도록 노력해야 한다.

에모토 마사루(江本勝)의 《물은 답을 알고 있다》에 보면 이런 이야기가 있다. 긍정과 부정의 언어를 물에게 들려주었을 때 구조들이 어떻게 변하는가를 실험했는데 그 결과는 놀라웠다. 긍정의 음악을 들은 물은 수정체처럼 그 구조가 아름다웠고, 그 반대의 경우는 물의 모습 역시 으깨진 무질서한 모습을 나타냈다고 한다. 사람의 몸 역시 70% 이상이 물이다. 그래서 사람이 긍정의 언어를 들으면 몸 안의 세포들이 질서 있게 되어 건강한 몸을 만들 수 있지만, 부정의 언어를 많이 들으면 건강 역시 악화될 가능성이 높다. 때문에 부자들은 대부분 긍정적인 사고를 가지고 있고 빈자는 반대의 경우가 많다.

네트워크 마케팅 사업을 하면서 나는 초면인 사람과의 만남이 잦다. 친분이 있는 사이가 아니기 때문에 처음 만났을 때 어색한 경우가 대부분이다. 그럴 때 내가 쓰는 방법 3가지가 있다. 사람을 만나는 직업을 가진 사람들의 경우 이 방법을 쓰면 상대와 쉽게 친해질 수 있을 것이다.

첫째, 칭찬을 하는 것이다. '칭찬은 고래도 춤추게 한다'라는 말이 있듯 처음 눈에 딱 띄는 부분을 칭찬해주면 좋다. "오늘 옷이 너무 잘 어울리세요", "인상이 참 좋으세요", "너무 어려보이세요" 같은 칭찬으로 가볍게 상대방 마음의 문을 연다. 이때, 상대방이 잘 들어보지 않았을 법한 칭찬을 하는 것도 좋다. 듣기 좋은 꽃노래도 한두 번이라고, 키가 큰 사람에게 "키가 정말 크시네요" 하는 이야기는 그 사람에게 더 이상 칭찬으로 들리지 않을 것이다. 사람들이 나를 처음 보면 "야무져 보인다"는 말을 많이 한다. 무언가 당차 보이고 믿음직스럽게 보인다는 의미라고 나는 해석하고 있다. 그런데 나는 '청순하다'라는 칭찬을 많이 들어보지 못해서 '청순하다'라는 칭찬을 들은 날에는 거울을 다시 보며 '오늘 내가 좀 청순한가?'라고 기분이 좋아지는 느낌을 받곤 한다.

둘째, 오픈형 질문을 하는 것이다. 네, 아니오로 대답할 수 있는 질문을 하다 보면 대화가 빨리 끊겨버리는 상황이 생길 수 있다. 그렇게 되면 계속 질문하기도 뻘쭘하고 혼자 계속 이야기하기도 난감한 상황이 된다. 이럴 때는 '누가, 언제, 어디서, 무엇을, 어떻게, 왜' 했는지 육하원칙에 근거해 대답할 수 있는 오픈형 질문을 하는 것이 좋다. 예를 들면 "저희 제품, 처음 테스트해보셨을 때 기분이 어떠셨어요?", "처음 돈을 벌면 어디에 제일 먼저 가치 있게 쓰고 싶으세요?" 같은 질문들이다. 이 질문은 네, 아니오로 대답할 수 없고 한 번 더 생각해보고 상상해볼 수 있는 질문들이기 때문에 대화를 이어나가기가 수월하다.

셋째, 나도 모르게 빠져들게 하는 클로징이다. 처음 만나서 제품을 구매해야 하는 소비자의 경우 "금액이 조금 부담스러워요"라는 이야기를 할 수 있다. 이에 따른 대답으로 어떤 답변이 좋을지 생각해보자.

A : "아, 저희는 들어가는 원가가 워낙 비싸서 그래요."
B : "아 그렇게 느끼셨구나. 처음에 그렇게 느끼는 분들도 계신데, 이미 효과를 보신 분들은 엄청 저렴하다고 하시더라고요. 5년 이상 쓰신 분들은 성형수술 안 하기를 너무 잘했다고 하세요. 그래서 예뻐진 얼굴로 저절로 사업이 잘되서 돈까지 꽤 벌어 가신 분들도 많으세요."

둘 중 어떤 말에 더 끌리는가? 당연히 후자다. 나는 실제 고객들이 들려준 이야기를 활용해 고객들의 마음을 돌리곤 한다. 같은 말이지만 상대를 배려하고 확신을 주는 말이야말로 알면서도 빠져들게 되는 말버릇이다.

그렇다면 지금 당장 시작해볼 수 있는 부자들의 말버릇은 무엇일까? 아마 당신이 이 비법을 안다면 '겨우? 정말 이거였어?'하고 시시하게 생각할지 모르겠다. 하지만 이 한 단어를 주제로 쓴 책만 수백만 권은 될 정도다.

"감사합니다."

이것이 바로 마법의 단어다. 부자들은 이 감사하다는 단어를 입에 달고 산다. 내 주변 부자들도 항상 "감사합니다. 사랑합니다"라는 이야기를 자주한다. 그리고 이 단어를 많이 말할수록 신기하게 더욱 부자가 된다. 여기에 부자가 되는 힌트가 숨어 있다. 바로 이 "감사합니다"를 시작으로 원하는 무엇이든 말로 내뱉는 것이다. 단순히 '부자가 되게 해주세요'가 아닌 명확하게 자신이 원하는 것을 말로 내뱉는 것이다. 나 역시 "2021년 12월 31일 작가가 되게 해주셔서 감사합니다"라고 확언한 경험이 있다. 그 결과 3개월이나 앞당겨진 9월에 작가가 될 수 있었다. 지금 부자가 아닌 사람들에게 이 마법과도 같은 비법을 모두 알려줘도 따라 하지 않기 때문에 부자가 되지 못하는 것이다. 속는 셈 치고 한번 따라 해보자! "감사합니다. 감사합니다. 감사합니다."

나는 네트워크 마케팅 사업의 성공 법칙을 배웠다

사람들이 네트워크 마케팅 사업을 꺼리는 이유는 지인들에게 무언가를 판매해야 한다는 인식이 강해서다. 하지만 네트워크 마케팅 사업은 평범한 사람이 빠른 시간에 부자가 될 수 있는 아주 멋진 기회의 사업이다. 세계적인 베스트셀러 작가이자 강연가인 로버트 기요사키의 《부자 아빠 가난한 아빠》에서는 '현금 흐름 사사분면'이라는 표가 나온다.

여기서 노동소득은 자신의 노동과 시간을 투자해 돈과 바꾸는 소득을 말한다. 그리고 권리소득은 시스템을 소유하며 다른 사람이나 돈이 나를 위해 대신 일하는 소득을 말한다. 인구의 5%만이 이 권리소득을 소유할 수 있다고 한다.

E사분면(봉급생활자)

봉급생활자는 우리 주변에서 가장 흔하게 볼 수 있는 유형으로 대부분의 사람들이 자신의 시간과 노동력을 투입해서 월급을 받는 삶을 살고 있다. 나 역시 봉급생활자 중 한 사람이었다. 이들은 대부분 하루 8시간, 5일간 근무해서 급여가 책정되는 사람들을 말한다. 자신의 노동력과 시간을 맞바꾸는 대표적인 직업으로는 공무원, 회사원, 백화점이나 마트 매장 판매원, 아르바이트생, 요양보호사 등이 있다. 이들은 정해진 시간만 일하고, 정해진 월급을 받는다. 그렇기 때문에 노동력을 제공하지 않는 시간에는 돈을 벌지 못하고, 근무 시간에는 자유롭게 시간을 활용할 수 없다.

나 역시 봉급생활자로서의 삶을 살았지만 그때는 알지 못했던 것이 있다. 바로, 내가 노동력을 제공하며 돈을 버는 사이 정작 나는 부자가 될 수 있는 기회를 놓치고 있었다는 사실이다. 내가 추가 소득을 얻는 길은 더 많은 노동력을 제공하는 것뿐이라고 생각했기 때문이다. 아니면 로또에 당첨이 되거나 운이 좋아 돈이 그저 떨어지기만을 바라는 삶을 살았다. 만약, 내가 지금 아는 것을 그때도 알았더라면 어땠을까? 아마 훨씬 많은 시간을 아끼고, 훨씬 많은 돈을 벌 수 있었을 것이다.

S사분면(자영업자, 전문직 종사자)

자영업자 또는 전문직 종사자는 자신의 가게를 가지고 있거나 전문기술을 이용해 자신의 사업에 시간과 노동력을 투입하는 사람을 말한다. 우리 부모님과 친척들은 대부분 자영업을 하며 젊은 시절을 보내셨다. 자영업이나 전문직에 종사하는 분들은 의사, 변호사, 세무사 등 특별한 전문 자격을 가지고 있는 분들을 말한다. 이들은 자신의 노동력과 자본을 투자해 봉급생활자보다는 더 많은 돈을 번다. 노동력을 투입하지 않기 위해서는 자본을 활용해 직원을 고용해야 하며 임대료, 재료비, 인건비 등 고정지출이 발생된다. 따라서 재투자를 통해 계속해서 더 많은 추가 수입을 거두어야 한다는 단점이 있다. 이들은 많은 돈을 벌기도 하지만, 자신이 일을 하지 않으면 수입이 끊기는 리스크를 가지고 있다. 그렇기 때문에 결국 더 많은 자본과 시스템을 활용해 결국 B사분면(사업가)으로 이동해야 한다.

B사분면(사업가)

우리가 흔히 알고 있는 유명한 사업가인 스노우폭스 김승호 회장, 더본코리아 백종원 대표 등이 이에 해당한다. 김승호 회장과 백종원 대표는 자신이 사업장에 있지 않아도 시스템이 저절로 돌아가고 돈을 버는 활동을 한다. 하지만 이들의 시스템이 하루아침에 이루어진 것은 아니다. 시스템을 만드는 기간에는 시간과 자본 그리고 노동력을 투자한다. 하지만 시스템이 완성되고 난 뒤에는 다른 사람의 노동력을 통해 자신의 노동력과 시간을 투입하지 않고도 권리 소득을 얻을 수 있다. 하지만 시스템이 구축되기 전까지의 리스크를 감당해야 한다. 이들이 추가소득을 얻는 방법은 더 많은 사업장을 늘리거나 더 많은 투자금을 투자하는 방법 등이 있다.

Ⅰ 사분면(투자가)

투자가는 말 그대로 자본을 활용해 돈이 돈을 버는 시스템이다. 부모로부터 물려받은 재산이 많은 재벌이거나 슈퍼리치 등이 여기에 해당된다. 이들은 자기 자신을 위해 일을 하는 사람들이다. 자신이 원하는 시간에 시간을 사용할 수 있고 시간과 돈을 교환하지 않는다. 이들은 잠자는 동안에도 돈을 벌 수 있다. 돈은 잠을 자지도 먹지도 않고 일을 하기 때문이다. 돈은 힘들어 하지도 않고 일을 하며 시간이 지날수록 복리로 불어나기도 한다. 이는 사회적으로 극소수에게만 주어진 행운이며 이들은 실시간으로 자산이 늘어나기 때문에 자신의 연봉이 얼마인지도 모르는 경우가 많다. 이들은 돈보다 시간이 더 귀한 사람들이며 다른 사람의 시간을 돈으로 사서 자신의 시간을 늘리는 사람들이다.

당신은 어느 분면에 속해 있는가? 어느 분면에 속하고 싶은가? 당연히 내 생각과 같이 투자가 분면일 것이다. 하지만 투자가 분면에 속하기 위해서는 막대한 자본이 있어야 한다. 그리고 돈을 버는 금융 시스템이나 회사를 만드는 것도 절대 쉽지 않을 것이다. 그렇다면 평범한 우리들이 권리소득을 받는 투자가 분면으로 가는 유일한 방법은 바로 네트워크 마케팅 사업을 활용하는 것이다. 네트워크 마케팅 사업은 처음에 나의 시간을 투자해 나와 함께 권리소득을 받을 산하 파트너를 만드는 일이다. 그리고 그들을 나와 같이 일하도록 복제시킴으로써 그들이 만드는 매출을 함께 공유할 수 있는 것이다. 즉, 네트워크 마케팅 사업은 선점을 하는 것이 중요하다. 내 산하의 매출이 나에게 공유되기 때문에 처음에는 한 명으로 시작한 사업이 시간이 지날수록 수만 명과 함께하는 비즈니스로 커지는 것이다.

처음에는 나 역시 이 시스템을 이해하지 못했다. 하지만 일을 진행하면서 혼자 시작했던 사업이 엄청나게 빠른 속도로 커지기 시작했다. 처음에는 나도 아는 사람에게 제품을 판매하는 일이라고 생각했지만, 이 사업은 내가 질 좋은 제품을 사용해보고 '이 정도면 괜찮다'라는 생각이 들면 주변 지인에게도 맛집 추천하듯이 추천해보는 것이다. 선택은 정보를 받은 사람의 몫이다. 일반 기업도 네트워크 마케팅 기업과 똑같이 제품을 판매해서 기업 이윤을 남긴다. 하지만 실제 제품 판매부터 마케팅 기획을 한 사람들은 이런 시스템을 만들 엄두를 내지 못한다. 그래서 노동력을 제공한 대가로 모두 월급만 받고 끝나고, 추가 이윤은 모두 회사 오너에게 돌아간다.

반면 네트워크 마케팅 사업은 기업의 오너가 자신의 자본을 투자해 회사를 차리고 아이템을 공급한다. 사업 시스템 또한 회사에서 만들어 제공한다. 사업자들은 회사(오너)와 제품, 그리고 수익구조를 모두 검토한 뒤 '일하고 싶다'라는 판단이 들면 사업을 시작한다. 사업자는 누군가에게 정보를 제공하는 일만으로 돈을 벌 수 있고, 나머지 복잡한 경영, 마케팅, 제품개발, 회계, 세무 등은 모두 회사가 처리해준다. 사업자의 산하 매출액이 커질수록 자신이 가져가는 수익률이 높아진다. 시간이 지날수록 초반에 투입되던 노동력의 양은 줄어들면서 수익은 점차

커진다. 왜냐하면 사업을 빠르게 선점했다는 이유만으로 내가 월급을 주지 않고도 수백 명에서 수만 명의 소비자와 사업자들이 나를 위해 일하게 만들 수 있기 때문이다.

즉, 내가 회사의 주인이 되는 것이다. 나는 이 비즈니스가 7급 공무원보다 훨씬 많은 돈을 벌수 있다는 판단을 내렸고 빠르게 결정했다. 그리고 지금은 공무원보다 10배가 넘는 연봉의 주인공이 되었다. 투자가 분면으로 가고 싶다면 변화는 분명 필요하다. 직장인의 사고방식을 탈피하고 사업가, 투자가의 사고방식을 배울 필요가 있다. 이제 힐링과 위로가 되는 책은 그만 읽고, 나의 의식을 바꾸어주고 돈이 되는 책을 집어 들자!

오늘의 성공은 전날 밤 결정된다

　나는 4년 전만 해도 퇴근 후에 널부러져서 '시체놀이'를 하거나 친구들과 놀다가 지쳐 들어와 잠이 들어버리기 일쑤였다. 그리고 아침에는 매번 알람 소리를 들으며 울면서 일어나는 것이 루틴과도 같았다. 그러나 지금은 네트워크 마케팅 회사인 C사 최고 직급자로, 작가로, 유튜버로, 강연가로 활동하고 있다. 평범하디 평범했던 내가 어떻게 이 많은 일을 소화하며 살 수 있었을까? 100명의 일반인은 10명으로 이루어진 군대를 이길 수 없다고 한다. 그 이유는 바로 '체계'다. 시스템을 가지고 있는 10명의 군대는 한 사람처럼 움직인다. 나와의 싸움에서도 승리하기 위한 '루틴'이 필요하다. 저녁의 삶이 달라져야 다음 날 성공적인 하루를 보낼 수 있다.

　하루는 미팅이 많아서 커피를 넉 잔 넘게 마신 날이 있었다. 그날은 아무리 자려고 해도 눈이 말똥말똥하고 잠이 오지 않는 것이었다. 그렇다고 책을 보거나 다른 일을 하기에는 몸이 천근만근이었다. 결국 휴대폰 SNS를 뒤지며 재미있는 이야기 없나 하고 살펴보다 알고리즘을 타고 연예인의 가십거리 기사들을 보다가 새벽 5시가 되어 지쳐 잠들었다. 아침 8시에 알람을 맞춰두었지만 알람 소리를 듣지 못하고 결국 오후 2시에 일어난 적이 있다. 배가 고파서 아침 겸 점심을 차려먹으면서 TV를 보다 보니 어느덧 시계는 5시를 향하고 있었다.

그냥 보내버린 하루가 너무 아까워서 '뭐라도 해볼까?'라는 생각이 잠시 들었지만 씻기도 귀찮고 챙기기도 귀찮고 '에잇, 피곤해 죽겠는데 무슨, TV나 보자'라고 생각하며 다시 소파에 누워서 뒹굴거리다 보니 해가 저물었던 적이 있다. 그리고 활동한 시간이 없다 보니 또 잠이 안 오고 그다음 날 또 늦잠을 잤던 기억이 있다. 좋은 루틴을 가지고 있어도 모자랄 판에 나쁜 루틴이 몸에 배어버려서 다시 돌려놓는 데 꽤 힘들었던 기억이 있다. 이렇게 생각없이 나의 소중한 시간을 낭비했던 날들이 얼마나 많았을까?

나는 '이대로 살다가는 내 인생 망하겠다'라는 생각이 들었다. 그래서 내가 할 수 있는 일들부터 하나씩 해보기로 했다. 나는 일단 휴대폰 'To Do List'를 이용해 내일 해야 할 일들을 메모하기 시작했다. 메모를 한 뒤 달성하면 체크해서 지워나갈 수 있는 어플을 사용했다. 정말 사소한 일이라도 메모하는 습관을 들였다. 예를 들면 세탁소 가기, 수선 맡기기, 구두 굽 갈기 등도 메모했다. 그리고 일정이 있는 날에는 챙겨야 할 준비물들과 할 일, 몇 시에 일어나서 무슨 일을 해야 하는지까지 모두 기록했다. 하다 보니 중요한 일들을 놓치지 않게 되었고, 시간을 훨씬 효율적으로 사용할 수 있게 되었다. 이때 좋은 습관이 잡혀 지금까지도 아주 유용하게 활용하고 있다.

이 방법을 사용하면서 나의 연봉은 점차 상승하기 시작했으니 여러분도 꼭 따라 해보길 바란다. 현재는 나에게 맞는 유료 어플리케이션 스케줄러를 사용하고 있고, 색깔별로 일정을 구분할 수도 있고 알람을 설정할 수도 있으며 할 일도 따로 작성할 수 있다. 또한 스티커로 재미있게 꾸밀 수도 있어서 몇 년째 잘 사용하고 있다. 한 달에 2,900원 정도의 비용을 지불하지만 내가 지불한 비용보다 훨씬 많은 돈을 벌고 있으니 나에게는 무척 감사한 어플이다.

'시간'은 우리가 가진 가장 큰 자산이다. 이 시간을 자원으로 어떻게 투자하고 키워나가느냐에 따라 막대한 이자가 붙기도 하고, 갚아야 할 부채가 생기기도 한다. 잘 생각해 보라. 시간을 낭비하며 보낸 사람들은 결국 자신이 원하는 인생을 살 수 없게 된다. 자신이 원하는 일을 하려고 할 때는 정작 기회가 주어지지 않을 뿐더러, 금전적으로 여유롭지도 않기 때문에 돈을 벌기 위해 자신이 하기 싫은 일을 참고 해야 하는 삶을 살아가야 할 것이다. 내가 원하는 것만 해도 시간이 부족한데, 왜 그렇게 살아야 하는가! 요즘 '워라밸'을 외치는 젊은이들이 많다. 워라밸은 영어로 Work(일)과 Life(삶)의 Balance(밸런스)의 약자로 일과 삶의 균형 있는 삶을 일컫는다. 하지만 일과 삶을 분리시켜 밸런스를 맞춘다는 것도 불가능할 뿐더러 워라밸을 외치는 사람치고 정작 업무 이외에 자신이 어떤 삶을 원하는지도 잘 모르는 경우가 많다.

따라서 내가 진정으로 원하는 삶을 살기 위해서는 내가 원하는 삶이 무엇인지부터 정의해야 한다. TV에서 보는 연예인들의 삶이나 드라마에서 보는 삶이 아닌 내가 무엇을 좋아하고 무엇을 하고 싶은지 진지하게 생각해보는 시간을 가져야 한다.

그리고 이 일은 나에게 내일 당장 100억 원이 생겨도 계속할 수 있는 일이라면 더 좋다. 자신이 좋아하는 일을 하면 시간 가는 줄 모르고 하게 되고 그러다 보면 예전에는 생각하지도 못했던 기회가 찾아와 수익으로도 연결되기 때문이다. 나 역시 그런 경험이 있다. 나는 일상을 사진으로 찍고 SNS에 짧은 메시지와 함께 생각을 공유하는 것을 좋아한다. 그런데 이런 글들이 하나둘 쌓이다 보니 내 계정을 보고 사업 문의가 들어와 만나고 싶다는 연락이 오기 시작했다. 상담 신청이 오면 만날 약속을 잡고 직접 만나 사업 안내를 하고 사업 파트너로 결정하면 나의 수익으로 연결된다.

그래서 나는 예전에는 그냥 아무렇게나 올리던 사진도 루틴을 정하기 시작했다. 자기 전 새벽에 미리 예약게시물로 사진과 메시지를 작성해둔다. 그리고 새벽에 일어나서 다른 사람들이 출근하기 전 사진을 게시하는 루틴을 만들었다. 그러면 출근하면서 SNS를 보는 사람들에게 내 계정을 더 많이 노출시킬 수 있기 때문이다. 무엇보다 중요한 것은 꾸준함이다. 꼭 매일 해야 된다는 강박은 없더라도 나만의 저녁 루틴을 만들어놓는 것은 장기적인 투자다. 꾸준함이 쌓여 나의 좋은 습관이 되고, 그 습관이 나에게 기회도 가져다줄 것이며 그 기회는 결국 나의 가치상승으로 연결된다.

이렇게 사소한 습관을 바꿈으로써 4년 만에 연봉을 10배 상승시켰다. 나는 평생 알람 소리에 울면서 일어나 출근하고, 퇴근하면 시체놀이를 하며 누워 있는 일상을 지속하고 싶지 않았다. 내가 꿈꾸는 삶은 아침에 일어나 스타벅스에서 커피를 마시며 독서를 하고, 뉴요커처럼 가벼운 조깅으로 건강관리를 하는 것이다. 그리고 깔끔한 오피스룩을 입고 반짝이는 피부를 뽐내며 명품 가방에 하이힐을 신고, 또깍또깍 소리를 내며 멋진 슈퍼카를 타고 출근하는 것이다. 일할 때는 열정적으로 팀을 성공으로 이끌며 결과로 보상받는 삶을 살 것이다. 나의 가치는 매년 기하급수적으로 올라갈 것이다. 성공적인 하루를 보낸 뒤 저녁에는 글쓰기, 명상, 요가, 독서토론 등 취미생활을 즐기고, 좋아하는 음악을 들으며 멋진 야경을 보고 와인 한잔과 함께 거품목욕을 하며 성공한 삶을 온전히 느끼는 것이다.

이처럼 내가 꿈꾸는 삶을 살기 위해서는 엄청난 노력이 필요할 것이다. 부자가 되는 공식은 정해져 있다. 100층짜리 건물의 꼭대기에는 멋진 펜트하우스가 있다. 이 펜트하우스를 빠르게 올라가기 위해서는 버튼 한 번만 누르면 갈 수 있는 초고속 엘리베이터를 타야 한다. 하지만 많은 사람들이 이 엘리베이터가 있다고 알려줘도 찾을 생각을 하지 않고 자꾸 계단으로 힘겹게 올라가고 있다.

자, 지금이라도 멈춰라! 당신이 있는 그 층에서 비상구 문을 열고 성공을 향한 엘리베이터를 찾길 바란다. 어디 있는지 모르면 물어봐야 한다. 당신은 매일 밤 성공할 수도 있고, 실패할 수도 있다. 지금 당장 내일 할 일을 종이에 적어보길 바란다. 지금 당장! 어서 종이와 펜을 준비하라! 꼭 예쁜 종이가 아니라도 괜찮다. 냅킨위에서도 당신의 꿈은 시작될 수 있다.

아직도 거창한 꿈만 꾸고 아무것도 하지 못하는 사람들이 있을 것이다. 일단 시작하라고 말해주고 싶다. 실패해도 괜찮다. 시도해보는 것이 중요하다. 글로 쓰면 할 일들이 살아 움직이며 명확히 보인다. 종이에 적다 보면 생각보다 쓸데없는 고민을 했다는 사실을 깨닫게 될 것이다. 나는 심지어 잠자기 싫을 때조차 종이에 그 질문을 적어본다. 종이가 없다면 스마트폰 메모 기능을 추천한다.

'나는 왜 잠이 안 올까?'를 종이에 적고 스스로 자문자답하다 보면 결국 내가 왜 잠을 못 이루고 있는지에 대한 해답이 나온다. 그리고 '어떻게 하면 좋을까?'라는 질문을 하다 보면 내일 할 일들이 생각난다. 처음에는 할 일 하나, 두 개, 세 개, …, 열 개, 점점 늘리다 보면 하루에 처리할 수 있는 업무처리 능력이 엄청나게 향상된다는 사실을 깨닫게 될 것이다.

이 책은 나 같은 사람들을 위해 쓴 책이다. 성공이란 것을 생각해본

적 없는 사람들, 성공하기 위해 물려받은 재산도, 어떤 재능도 타고나지 않는 사람들, 후천적으로 이런 재능을 기를 수 있을 것이라고 생각조차 해보지 않은 사람들을 위해 지금 이 책을 쓰고 있다. 나 역시 지극히 평범한 사람이었다. 나는 늦잠 자기 대장이었고, 대표적인 올빼미형 인간이었다. 이런 내가 해냈으니 당신도 할 수 있다. 지금 당장 내일의 성공을 위해 오늘 밤 착한 루틴을 만들어보자.

하지 말아야 할 일을 결정하라

'결단(決斷)'이라는 말은 한자로 무언가를 끊겠다는 뜻이다. '한사결단(限死決斷)'이라는 사자성어는 죽음을 무릅쓰고 결단한다는 뜻이다. 성공하기 위해서는 그만한 각오가 필요하기 때문이다. 나는 20대 초반부터 직장에 다니며 열심히 사회생활을 했다. 나름 성과도 좋았고, 크고 작은 기회들도 주어져 다양한 경험도 할 수 있었다. 그렇기 때문에 내 인생에 크게 불만은 없었다. 하지만 이것이 나의 '위기'였다는 것을 그때는 알아채지 못했다. 다른 사람만큼은 살아야겠다는 생각으로 가득 차 내가 무엇을 원하는지, 어떤 삶을 살고 싶은지에 대해서는 생각해볼 겨를이 없었다.

그냥 남들이 사는 대로 퇴근 후에는 친구들과 어울려 술 한잔 기울이며 세상 돌아가는 이야기를 하는 것이 인생을 잘 사는 것인 줄 알았다. 그렇게 1년, 2년, 3년, 시간은 빠르게도 지나갔다. 그때 함께 술자리를 하며 평생 즐거울 것 같던 친구들은 모두 각자의 가정을 꾸렸다. 함께 시간을 보낼 새로운 친구들도 만나봤지만 관심 없는 이야기가 나올 때면 쉽게 지루해졌고, 문득 시간 낭비를 하고 있다는 생각이 들었다. 내가 이 사업을 처음 시작할 때까지도 친구들과의 모임은 계속되었다. 나는 친구가 많은 편이었다. 사람들과 이야기를 나누는 것도 좋아하고, 여기저기 모임을 가도 쉽게 잘 어울리는 성격이어서 10여 개의 크고 작은 모임들을 유지하며 황금 같은 20대를 보냈다.

내가 최고 직급 바로 밑의 직급으로 승급했을 때, 추천 수당이 높아져서 페이백받는 돈이 월급보다 많아졌을 때의 이야기다. 저녁 약속이 일주일에 4일이나 되는 스케줄을 소화하고 있었는데 어느 날은 일과 약속이 겹친 것이다. 지금 같았으면 당연히 일하러 갔겠지만 그때는 안절부절 고민하다 결국 친구들과의 저녁 약속을 선택했다. 그런데 친구들과 자리를 하고 있어도 마음이 몹시 불편했다. 그리고 여전히 친구들과 나누는 이야기의 주제는 연예인 이야기, 100번도 넘게 들은 옛날 이야기들이었고, 그렇게 웃고 떠들며 시간은 흘러갔다.

술자리를 마친 뒤 집에 와 누워서 생각해보니 오늘 하루가 참 허무하다는 생각이 들었다. 내가 만약 오늘 약속에 나가지 않고 일을 하러 갔으면 다음 달 나의 수입은 분명 달라졌을 것이라는 생각이 들었다. 시간과 돈을 바꾸는 것이 아닌 결과로 보상받는 시스템이기 때문에 한 시간만 일해도 한 달 월급을 벌 수도 있었다. 그렇게 생각하니 갑자기 너무 억울한 것이었다. 그날 나는 침대에 누워서 결심했다. 앞으로 나의 우선 순위는 무조건 일이다. 그렇게 자연스럽게 나는 우선순위의 중요성을 깨달았다. 그리고 나는 이번 달 목표를 달성하기 전까지는 앞으로 한 달간 술자리에 나가지 않을 것이라고 굳게 결심했다.

나는 내 결단을 종이에 써서 벽에 붙여놓았다. 그리고 핸드폰에도 적 어두었다. 아무것도 모르고 한 일이 지금 생각해보면 결의결단과 시각 화 활동이었던 것이다. 정말 놀랍게도 내가 계획하고 적어 놓았던 일들 이 하나씩 이루어지는 기적을 맛보았다. 시간의 차이는 있었지만 내가 바라고 상상했던 일들이 현실이 되어가고 있었다. 나는 적어두었던 목 표 뒤에 하나씩 체크를 하며 나의 버킷리스트들을 완성해나갔다.

하지만 내가 하지 말아야 한다고 적어놓았던 '금주'를 이겨내는 것이 쉽지만은 않았다. 하루 일과를 마친 뒤 시원하게 캔맥주 한잔을 하고 싶은 욕구를 참는 것은 나와의 싸움이었다. 냉장고를 몇 번이나 열었다 닫았다 했는지 모른다. 친구들이 한잔 하자며 나오라는 메시지를 볼 때 마다 겨우 참으며 내가 원하는 목표가 달성되었을 때의 모습을 생생하 게 그려보며 그 느낌을 상상해보았다. '내가 목표를 달성했을 때 얼마나 행복할까?', '주변 사람들이 나를 얼마나 부러워할까?', '월급으로 내가 원하는 것을 살 수 있다면 얼마나 좋을까?'라고 달성했을 때의 느낌을 구체적으로 상상해보니 갑자기 가슴이 벅차오르고 의욕이 충만해졌다.

"왜 공무원을 그만두고 다단계를 해?"라고 묻던 주변 지인들과 혹시 자신에게 피해라도 있을까 봐 나를 슬그머니 피했던 사람들에게 멋지게 복수해주고 싶었다. 나는 미친 듯이 성공하고 싶었고, 돈도 많이 벌어서 멋지게 젊은 인생을 누리며 '영앤리치'로 살아가고 싶었다. 하지만 나조차도 내 마음대로 되지 않았다. 인간이라면 누구나 쉬운 길로 가기를 원하고, 기회가 있다면 지름길로 빠지려는 습성이 있기 때문이다. 하지만 무의식적으로 쉬운 길을 갈수록 내가 원할 때 원하는 곳으로 가기가 더욱 힘들어진다. 네트워크 마케팅 사업을 처음 시작한 사업자들도 초반에 열심히 달려야 할 타이밍에 "천천히, 천천히 하겠다"라고 말한다. "적응이 좀 되면…, 바쁜 일 좀 끝나면…" 하고 말하는 사이 열정은 식어버리고 초반에 목표했던 것들은 빠르게 사라져버린다. 결국 그들의 삶에 아무런 기적도 일어나지 않는다.

일을 미루거나 핑계를 대는 순간 하지 않은 일이 두려워지고, 두려워지는 순간 포기하게 된다. 우리는 무언가 하기 싫어질 때마다 습관적으로 이 틀에 갇혀버리게 된다. 가끔 이 순간을 잘 빠져나오기도 하지만 대부분 이 틀 안에서 우울한 감정을 가지고 시간낭비를 하게 되는 경우가 많다. 현명한 사람이라면 이 틀을 빨리 인지하고 스스로 깨부수고 나와야 한다. '내가 깨면 병아리, 남이 깨면 후라이'라는 재미있는 말도 있지 않은가!

미루면 미룰수록 더 하기 싫어질 뿐이다. 어렸을 때 아이들이 숙제를 미뤄놓는 것과 같은 심정일 것이다. 내일 해야지, 주말에 해야지 하는 순간 해야 할 일들은 산더미처럼 쌓여간다. 자기결단은 습관이다. 좋은 습관을 가지고 있는 사람은 어떤 목표를 해내는 능력이 뛰어나다. 나쁜 습관을 가지고 있는 사람은 부정적인 결과를 낳는다. 부정의 힘은 긍정의 힘보다 훨씬 강력해서 어떤 장치를 해놓지 않으면 안 된다. 10개의 나무막대로 이어 만든 양동이가 있다. 이 10개의 나무막대 중 한 개만 빠져도 물은 새어 나오게 되어 있다. 즉, 아무리 좋은 성공 습관 9개를 가지고 있어도 나쁜 습관 한 가지를 버리지 못한다면 완전한 성공을 하지 못하는 것이다.

좋지 않은 습관을 버리는 가장 쉽고 간단한 방법은 핑계를 대지 않는 것이다. '핑계로 성공한 사람은 김건모밖에 없다'는 농담이 있을 정도로 핑계나 변명을 늘어놓는 사람들은 절대 성공할 수 없다. 핑계를 대는 대신에 방법을 찾아보는 것은 어떨까? "이래서 되겠어?"라는 말은 "어떻게 하면 될 수 있을까?"로, "아, 귀찮은데 이거 꼭 해야 돼?"는 "내가 할 수 있는 일부터 해볼까?" 같은 말로 바꿔보자. 부정을 긍정으로 바꾸어 의식하고 행동하는 순간 생각보다 많은 것들이 바뀔 것이다.

또한, 이미 이루어진 것처럼 생각하자. 내가 리크루팅한 사업 파트너가 최고 직급에 도전할 때의 일이다. 그녀는 항상 "내가 최고 직급자가 되면, 나중에 최고 직급자가 되면"이라며 항상 일을 미뤘다. 그런 그녀에게 나는 진심 어린 한마디를 해주었다. "이미 최고 직급자가 됐다고 생각하고 행동하세요!" 나는 어차피 최고 직급자가 될 사람이라면 최고 직급자처럼 생각하고 거기에 맞는 행동을 해야 한다고 생각했다. 그녀는 깜짝 놀라며 한 번도 생각해보지 못했던 관점이라면서 생각을 바꾸는 계기가 되었다고 말했다. 어차피 성공이란 인생을 즐겁고 행복하게 살아가는 것이다. '어떻게 하면 더 잘살 수 있을까?'를 고민한다는 것은 지금보다 더 풍요롭고 잘살기 위해서일 것이다. 이 조차도 생각하지 않는 사람들은 자기 인생의 주인이 아닌 다른 사람의 삶을 살고 있는 것이다. 우리가 자신의 인생에서 주인이 되어 스스로의 삶을 경영하고, 성공하기 위해 꼭 해야 하는 일과 꼭 하지 말아야 할 일들을 적어봐야 한다.

그리고 앞으로 10년, 20년, 계속해서 성공적으로 살아가기 위해 어떤 나쁜 습관을 지금 당장 버리고 살아야 할지, 어떤 좋은 습관을 데리고 살아야 할지 고민해봐야 한다. 일단 성공하겠다고 결심하라. 그리고 기간을 정해 목표와 계획을 세우자. 작은 것이라도 즉시 행동에 옮기자. 그리고 피드백을 하고, 보상과 격려를 하자. 평범한 사람이 성공하고 싶다면 가장 먼저 의식을 바꾸자! 내가 해냈다면 당신도 분명 해낼 수 있다.

상식을 뒤집으면 기회가 보인다

세상에는 두 부류의 사람이 있다. 먼저 도전과 변화보다는 안정된 삶을 추구하는 부류다. 이들은 평범한 삶에 만족하고 인생에 커다란 문제만 없다면 현재의 삶에 안주한다. 변화하는 것을 두려워하고 새로운 일에 도전하지 않는다. 다른 한 부류는 평범하게 사는 것을 거부하는 사람들이다. 이들은 현재의 삶보다 더 나은 삶을 꿈꾸고 계속 도전하고 성장하는 것을 즐긴다. 이 부류의 사람들은 어제보다 나은 미래를 꿈꾸며 더 잘살기 위해 노력한다. 나는 과거에는 전자, 현재는 후자의 삶을 살고 있다. 다행히 현재 주변에는 후자의 사람들이 더 많다. 모두들 힘든 시기를 겪기도 했지만 현재는 모두 극복하고 과거의 삶보다 훨씬 만족스러운 삶을 살고 있다.

몇 년 전까지만 해도 평범한 주부였던 제니는 뭐든 배우는 것을 좋아하고 도전적인 여성이었다. 하지만 엄마의 뒷바라지가 필요한 중3, 고3을 키우다 보니 직장과 육아를 병행하기 힘들어 직장을 그만두고 집에서 영어과외를 하는 선생님이 되었다. 아이들은 착하게 잘 자라주었고, 남편은 경찰공무원으로 남들이 부러워하는 안정적인 직업을 가지고 있었다. 그녀의 삶은 단조로웠지만 편안했다. 제니와 나는 영어대학원 동기로 SNS로 서로의 안부를 확인하는 정도의 사이였다. 그러던 어느 날 제니와 우연히 연락이 닿아 10년 만에 얼굴을 보게 되었다. 나중에 그녀에게 들어보니 편안하게 사는 줄로만 알았던 그녀에게 커다란 인생의 질문이 찾아왔다고 한다. 그것은 바로 '나는 누구인가? 이대로 살아도 괜찮을까?' 하는 질문으로 누구나 한 번쯤은 하게 되는 그 질문에 뚜렷한 답을 찾지 못하던 찰나 제니는 나를 만나게 되었다.

SNS를 통해 내가 7급 공무원을 그만두고 네트워크 마케팅 사업을 한다는 사실을 알고 있었던 제니는 두 눈을 동그랗게 뜨고 나에게 질문했다.

"그런데, 도대체 왜 그 좋은 직업을 그만뒀어?"

나는 미소를 지으며 되물었다.

"언니 내가 왜 그만뒀을까?"

제니는 이해가 되지 않는다는 표정을 지으며 다시 내 눈을 응시했다. 제니의 눈빛은 그동안 내가 많이 겪어오던 세상의 편견을 담은 시선이었다. '공무원은 안정적이고 좋은 일, 네트워크 마케팅은 나쁜 일'이라는 고정관념은 도대체 어디서부터 시작된 것일까? 어릴 때부터 부모님께 배워온 대로 학교에서 배워온 대로 살았던 지난 30년, 나는 풍족하게 살지 못했다. 항상 돈은 아껴써야 했고 사고 싶은 것을 마음껏 살 여유도 없었다. 열심히 공부해서 안정적이고 좋은 직장에 들어갔지만 내가 원하는 삶을 살기 위해서 늘 돈은 더 많이 필요했다

나는 제니에게 과거의 내가 가지고 있던 네트워크 마케팅 사업에 대한 오해와 고정관념에 대해 먼저 이야기하기 시작했고, 지금 나의 삶이 과거의 삶과 얼마나 달라졌는지 설명했다. 그렇게 제니는 나의 파트너가 되었고, 열심히 따라온 결과 1년 만에 최고 직급 마스터로 승급했다. 실제로 네트워크 마케팅 회사에서 1년 만에 최고 직급으로 승급한 것은 대단한 일이지만, 단계가 짧고, 보상플랜이 쉬웠기 때문에 가능한 일이었다. 처음 제니가 일을 시작하고 3개월 뒤 중간 직급으로 승급하면서 받은 첫 월급이 500만 원이었다. 그동안 영어과외와 시간강사 일을 병행하면서도 벌어보지 못했던 큰돈이었다. 감격스럽기도 하고, 기쁘기도 하고, 이 돈을 어디에 쓸까 행복한 고민을 하며 나와 통화하던 중 제니는 "다음 주가 남편 생일인데 무슨 선물을 해줄까?"라고 물어왔다. 갑자기 얼마 전 어버이날 부모님께 해드린 풍선 이벤트가 생각났다. 풍선 이벤트란 커다란 박스 안에 '부모님 사랑합니다'라고 적은 커다란 레터링 풍선을 넣고, 그 밑에 현금을 줄줄이 달아 박스를 열면 헬륨을 넣은 풍선이 하늘로 올라가게끔 만들어진 이벤트다. 부모님께서 좋아하시던 모습이 생각나서 제니에게 풍선 이벤트를 추천했다.

그런데 문제는 금액이었다. 얼마를 넣을까 묻는 제니의 질문에 나는

문득 제니가 처음 사업을 시작해본다고 했을 때 옆에서 지지해주고 응원해주었던 형부 모습이 떠올랐다. 나는 제니에게 말했다.

"언니! 평생 기억에 남는 선물을 해주자!"

제니는 흥미를 보이며 도대체 무슨 방법이냐고 물었다. 나는 제니의 첫 월급이기도 하니 기념으로 형부가 평생 한 번도 선물로 받아보지 못한 금액을 선물하자고 제안했다. 그것은 제니의 월급 전부였다.

제니는 깜짝 놀랐지만 이왕 줄 거면 멋지게 평생 기억에 남을 이벤트를 해주자고 했다. 드디어 형부 생일날이 되었다. 언니는 커다란 박스를 들고 경찰서를 찾아갔다. 결혼생활 20년 만에 남편 직장은 처음 찾아가본다고 했다. 처음엔 어느 부서인지 몰라서 수소문 끝에 형사과라는 것을 알아냈다. 마침 점심시간이었던 형사님들은 모두 점심을 드시러 나가고 여직원 혼자 업무를 보고 있었다. 어떻게 오셨냐고 물어보는 여직원에게 "저 ㅇㅇ씨 와이프인데요. 생일선물을 전달하러 왔어요!"라고 대답했다. "어머, 어서오세요" 하고 호들갑을 떠는 여직원과 인사가 끝날 무렵 점심식사를 마친 형사님들이 사무실로 들어오기 시작했다. 제니는 "ㅇㅇ씨 생일 축하해요" 하고 생일선물을 신랑에게 건넸다. 형부는 "이게 뭐야?" 하고 열어보고는 입이 떡 벌어졌다. 그러고는 제니를 한쪽 구석으로 데려가더니 이렇게 물었다.

"대출받았어?"

제니는 당당히 대답했다.

"아니! 내가 벌었어. 디렉터되고 첫 월급인데 자기 생일선물로 다 주는 거야! 나 멋지지?" 그제서야 형부는 '자본주의 미소'를 지을 수 있었다. 결국 형부는 그 돈을 한푼도 쓰지 못하고 저금하고 대신 제주도 일주일 자유여행을 선물받아 그토록 하고 싶었던 제주 여행을 할 수 있었다.

제니가 처음 제품을 구매하고 집에 택배가 도착했을 때 고3인 제니의 아들이 엄마에게 물었다 "엄마 이제 다단계 하는 거야? 나 그럼 이제 엄마 직업란에 선생님 대신 다단계 판매원이라고 적어야 돼?"

이제 막 사업을 시작한 제니는 말문이 막혔다. 하지만 제니가 경제적 능력이 생기고 난 뒤 상황은 달라졌다.

"엄마, 저 노트북 필요해요."

"얼만데? 사!"

그날 이후부터 택배 정리는 아들의 담당이 되었다. 아이폰이 갖고 싶다던 딸도 원하는 것을 얻고 난 뒤 엄마의 가장 좋은 협력자가 되었다. 이렇게 제니의 가정은 제니가 새로운 사업 기회를 획득함으로써 경제적으로 점점 풍요로워지고 있다. 그리고 각자의 삶을 존중하고 행복지수가 높아지면서 가정이 더욱 화목해졌다. 이제 제니는 시어머니의 흙침대를 언제든 바꿔줄 능력을 갖춘 며느리가 되었다. 이 모든 것이 단 1년 만에 일어난 일이다. 만약 1년 전 제니가 자신의 생각을 바꾸지 않고 내 손을 잡지 않았더라면 제니는 여전히 영어과외를 하며 시간과 돈을 맞바꾸는 삶을 살고 있었을 것이다. 일흔이 넘으신 제니의 어머니는 제니가 최고 직급으로 가기 위해 고군분투하고 있을 때 이런 말씀을 하셨다고 한다.

"엄마가 살다 보니 누구에게나 한 번쯤은 기회가 찾아오더라. 지나고 보니 그때가 기회였는데 엄마는 그걸 놓치고 살았어. 지금이 아마 니 인생의 기회인 것 같다. 응원한다 딸아!"

제니는 기회를 잡은 즉시 행동했고, 모르던 세상을 배우고 노력했다. 그렇게 그녀는 자신감을 찾게 되었고, '나는 누구인지? 어떻게 살아야 하는지?'에 대한 답을 찾게 되었다. 제니의 환경이 크게 바뀐 것은 없다. 단지 자신이 가지고 있던 '생각' 하나를 이해하고, 다시 정의했으며 자신을 바꾸어나가기 시작한 것이다. 이제 그녀는 당당하게 자신의 꿈을 이야기하고 멋지게 자신만의 인생을 살아간다. 나는 이렇게 짧은 순간에 엄청난 변화를 이뤄낸 그녀를 보며, 앞으로 그녀가 원하는 모든 것을 이루며 살아갈 수 있을 것이라고 믿는다. 내가 처음 그녀에게 약속했던 것처럼 나는 처음에도, 지금도, 그리고 앞으로도, 그녀의 큰 꿈을 응원한다.

내가 먼저 이해하고 그다음
상대방을 이해시켜라

경기가 어려워짐에 따라 요즘 주변에 주식이나 코인을 한두 번 안 해
본 사람이 없을 정도로 금융시장의 열기가 뜨겁다. 간혹 대출까지 받아
서 요행을 바라며 주식에 올인하는 사람들도 있다. 대부분 그들의 대화
를 들어보면 다음과 같다.

"야, 너 돈 있으면 내 말 듣고 그 회사 주식 사둬."

"내가 정보를 듣는 곳이 있는데, 이건 무조건 대박나게 되어 있어."

이런 부류의 사람들은 정확하지도 않은 정보를 엄청난 확신을 가지
고 다른 사람들에게 이야기한다. 하지만 정확하지 않은 정보를 공개적
으로 이야기하는 것은 굉장히 위험한 일이다. 실제로 주식 시장은 수많
은 사람들이 동시다발적으로 움직이며 만들어가는 시장이기 때문에 변
동성이 굉장히 크다. 우리는 신이 아니기 때문에 절대 100% 오를지 내
릴지는 맞출 수 없다. 하지만 지인의 정보를 들은 사람들은 굉장한 확

신을 가지고 무리를 해서까지 투자하는 경우가 많다.

나는 평소 내가 잘 모르는 주제에 대해서는 관심을 잘 두지 않는다. 구체적인 증거나 데이터가 있을 때 확신을 가지고 이야기하는 것을 좋아한다. 그냥 말만 하는 사람이 되고 싶지 않기 때문이다. 말과 행동이 일치하지 않는 사람은 결국 신뢰를 잃기 때문이다. 따라서 확신은 사람으로 하여금 무언가를 시작하게 할 수 있는 동력이고, 에너지를 유지할 연료다. 만약 확신이 없다면 매사에 다른 사람들의 말을 듣고 흔들리기 일쑤일 것이다. 네트워크 마케팅 사업에서도 확신은 굉장히 중요한 요소 중 하나다.

나는 소비자로 제품을 사용하다가 이 사업을 결정하기까지 2년이라는 시간이 걸렸다. 하지만 내가 사업을 결정하고 난 뒤부터는 '이 비즈니스는 무조건 된다'라는 확신을 가지고 지금까지 달려왔다. 내가 처음에 사람들에게 이 비즈니스가 돈이 된다고 이야기했을 때 내 지인의 100%가 "아니야"라고 말했다. 그러다 내가 디렉터 직급에 승급했을 때는 "그래 잘하면 될 수도 있겠다"라고 이야기했다. 그리고 최고 직급이 되어 월 2,000만 원을 벌자 "어떻게 이게 될 줄 알았어?"라고 지금이니까 물어본다. 어차피 결론은 내가 열심히 했으니 잘된 것이고, 만약 성실하게 임하지 않았다면 실패했을 것이다. 그렇기 때문에 사실상 내 확신과 의견이 중요하지 다른 사람의 의견이 내 의견보다 더 중요하지는 않다. 심지어 그 대상이 부모님이나 배우자여도 마찬가지다.

몇 년 전, 지인인 Y는 매우 중요한 사업 파트너와 힘겨운 대화를 나누었던 기억이 있다. SNS를 보고 Y를 찾아온 그녀는 한국에 오래 거주한 외국인 파트너 R이었다. 글로벌 사업을 한참 키워가고 있던 Y에게 그녀는 매우 중요한 잠재 사업 파트너였다. 그녀는 얼굴을 보고 직접 만나서 이야기하고 싶다고 연락을 해왔고 미팅의 이유는 분명했다. Y와 사업을 하고 싶다는 것이었다. 다음 날 아침 둘의 대화는 30분 만에 성공적으로 마무리됐다. R은 자신을 잘 도와줄 수 있는 스폰서를 찾고 있었고, Y는 함께 일할 파트너가 필요했다.

  기쁜 마음으로 식사를 하던 Y는 갑자기 R로부터 전화를 받았고 함께 사업을 할 수 없다는 청천벽력 같은 이야기를 듣게 되었다. Y와 같은 팀에 R이 싫어하는 친구가 함께하고 있기 때문이라고 했다. 그 친구를 탈퇴시켜주면 자신이 Y와 함께하겠다는 조건이었다. Y는 R이 너무나 필요한 사업 파트너였지만 0.1초도 망설이지 않고 대답했다.

  "죄송한데, 그건 좀 곤란할 것 같습니다."

  R이 Y에게 정말 중요한 파트너인 것은 분명했지만 자신을 믿고 오랜 시간 함께해준 Y의 파트너를 탈퇴시킬 수는 없었다. 쉽지 않은 결정이었지만 Y는 과감히 R의 제안을 거절했다. Y는 이날을 회상하며 말했다. R과의 만남이 조직사업을 하면서 무엇이 가장 중요한지 생각할 수 있게 해준 소중한 경험이었다고 말이다.

  다행히 다음 날 R에게서 다시 만나자고 연락이 왔다. 그녀는 자신이 경솔했다며 Y의 사업관이라면 신뢰해도 될 것 같다는 말과 함께 Y와 함께 일해보기로 결정했다. 조직을 운영함에 있어 다른 사람에게 휩쓸리지 않을 만한 '확신'과 '가치관'은 매우 중요하다. 크고 작은 문제에 직면할 때마다 가장 현명한 의사결정을 내려야 하기 때문이다. 사업을 진행함에 있어 최고 직급자들은 다운라인이 살피지 못하는 5년, 10년, 30년 후까지도 내다보아야 한다. 당장 눈앞의 이익만 보고 달리는 사람들은 처음에는 돈이 눈덩이처럼 굴러 들어오는 것처럼 보이지만 시간이 지남에 따라 이 돈을 지키지 못하고 녹아 없어져버리게 만든다.

네트워크 마케팅 사업을 하다 보면 가장 먼저 가족과 지인의 반대에 부딪히게 된다. 그럴 때마다 누군가는 다투기도 하고 누군가는 포기하기도 한다. 나 역시 지레 무서워서 가족들에게는 공개하지 않고 몰래 회사 다니는 척을 했다. 아침 8시에 출근해서 저녁 7시에 퇴근하는 것처럼 생활한 것이다. 그런데 생각해보니 가족들이 반대하는 이유는 딱 하나였다. 나를 너무 사랑하는 마음이 커서 걱정이 되기 때문이다. 그 마음을 헤아려서 내가 먼저 이 비즈니스에 대해서 자세히 알아보고 이해하고 확신이 생긴 다음에 가족들이나 지인들에게 알리는 것이 좋다. 대부분의 사람들은 안정적인 의사결정을 하는 것을 선호한다. 그리고 자신들이 가지고 있는 선입견이나 편견을 내세워 당신을 두려움에 떨게 할 말을 할 것이다. 그리고 확신이 없는 당신은 금세 흔들리게 될 것이고 혼란에 빠지며 부자가 될 기회를 놓쳐버릴지도 모른다.

살아가면서 직업은 매우 큰 비중을 차지한다. 직업에 따라서 하는 일이 달라지고 받는 연봉도 달라지기 때문이다. 그만큼 중요한 결정은 결정하기 전에는 충분히 고민하고 알아보되 일단 결정하고 난 뒤에는 믿음과 끈기를 가지고 포기하지 않는 것도 중요하다. 빨리 성공하려고 하다 보면 꼼수를 쓰게 되고, 늘 시간에 쫓기듯 바쁘고, 마음이 급할수록 멀리 내다보지 못한 결정을 할 확률이 높아진다.

중요한 사실은 네트워크 마케팅 사업에서 뿐만 아니라 어떤 일에서든 성공하고자 한다면 내가 먼저 그 업무에 대해서 충분히 숙지하고 이해하려는 노력이 필요하다는 것이다. 그런데 네트워크 마케팅 사업은 스폰서가 존재하고 매출을 공유하는 일이다 보니 자신은 아무것도 하지 않고 스폰서에게 하기 싫은 일은 맡겨버리고 자신은 열심히 뛰지도 않으면서 다운라인 팀원들이 움직이지 않는다고 불평을 늘어놓는 사람들도 많이 있다. 이런 부류의 사람들은 네트워크 마케팅 사업의 본질을 제대로 이해하지 못하고 있는 사람들이다. 조직사업은 결국 무수히 많은 인간관계들이 모여서 이루어진, 말 그대로 '네트'이다. 촘촘히 짜여져서 서로에게 힘이 되고 영향력을 행사하는 일이기 때문에 한 명의 부정적인 사람들이 조직 전체를 망쳐버릴 수도 있으므로 서로의 긍정적인 에너지가 무척 중요한 일이다.

팸 그라우트(Pam Grout)는《소원을 이루는 마력》에서 에너지에 대해 "세상을 바꾸는 것은 기대와 신념을 바꾸는 아주 단순한 문제다. 정말 말처럼 쉽다. 무언가를 물리적 세계로 가져오기 위해선 실제로 보이는 것이 아니라 보고 싶은 것에 초점을 맞추기만 하면 된다"고 말했다.

내가 원하는 것을 상대에게 설득시키기 위해서는 내가 먼저 이해하고, 나의 의식을 먼저 바꾸어야 한다. 내가 원하는 것이 무엇인지 정확하게 인지하고, 한계를 두지 말고 상상해야 한다. 더욱 생생하게 상상하고, 이미지화할수록 달성될 확률은 높아진다. 그런 신뢰와 확신을 가지고 상대방에게 이해시키려고 노력하라. 당신이 지금 무언가를 시작하지 않는다면 당신은 지금 무언가를 시작한 사람들에게 지배당하는 삶을 살게 될 것이다!

CHAPTER 5

지금 바로 부의 흐름에 올라타라

꿈꾸는 사람이 부를 끌어당긴다

　누구에게나 꼭 이루고 싶은 가슴 두근거리는 '꿈'이 있고, 눈만 감아도 떠오르는 행복한 장면들이 있을 것이다. 하지만 자신이 꿈꾸는 것처럼 삶을 살아가는 사람은 많지 않다. 그렇다면 어떻게 하면 우리가 원하는 행복한 인생을 살 수 있을까? 내가 꿈에 대해 생각하기 시작한 것은 여행을 다니면서다. 늘 생활하던 환경에서 벗어나 다른 나라, 다른 환경에서 사람들이 살아가는 모습을 보는 일은 갇혀 있던 나의 생각도 다른 관점에서 바라볼 수 있는 좋은 계기가 되었다.

　그때는 마냥 환경이 바뀌면 생각도 달라질 것이라고 생각했다. 그래서 일부러 환경을 바꿔보기도 하고 만나는 사람을 바꿔보기도 했다. 하지만 새로운 경험들은 즐거웠지만 나의 경제적인 수준이 딱히 나아지지 않았다. 항상 열심히 일했지만 정작 통장은 텅빈 '텅장'이 되어가고, 30대 초반이었던 나는 매달 엄청난 양의 청접장을 받았다. 평일은 일 때문에 스트레스를 받으며 지내고 주말에는 '축의금은 무슨 돈으로 내지?' 하는 걱정과 나만 빼고 잘 살고 있는 것 같은 친구들을 보면 주눅이 들기도 했다. 이렇게 자존감도 낮아지며 또 스트레스를 받는 생활을 반복하며 지내왔다.

어렸을때는 두각을 드러내지 못했지만 시간이 지날수록 잘되는 친구들이 있다. 대부분 사람들은 그들이 가진 환경과 실력 때문이라고 생각한다. 하지만 지금 돌이켜 생각해보면 그 친구들이 잘되는 이유는 바로 그들이 가진 '꿈'의 크기 때문이라는 사실을 알게 되었다. 꿈이 있는 친구들은 자신이 하는 일에 확신을 가지고 즐겁게 임한다. 그들은 늘 자신의 '의식' 속에 성공한 모습을 생생하게 떠올렸다는 사실을 알게 되었다.

반면에 부정적이고 불평 불만이 많았던 친구들은 어떻게 되었을까? 그들은 늘 불안해하고 상상했던 결과 역시 그대로 실현되었다. '실패하면 어떡하지?', '분명 잘 안될 거야'라고 상상했던 그들의 미래가 현실에서 그대로 나타난 것이다. 인생을 바꾸고 싶다면 환경을 바꾸는 것도 중요하지만 환경보다 의식을 바꿔야 현실이 달라지기 시작한다.

나 역시 평범한 의식을 가지고 있던 사람 중에 한 사람이었다. 언론에서 이야기하는 삶, 주변 사람들이 모두 살아가는 삶이 정답인 줄 알고 살아왔다. 한 번도 그 길을 벗어나서 산다는 건 상상해보지 못했다. 고작해야 '해외에 나가서 살고 싶다'라고 꿈꿔본 게 전부다. 이 생각도 곧바로 '아니야 그럼 회사는 어떻게 다니고, 어디서 살아?'라는 현실적인 걱정에 사로잡혀 금세 포기하곤 했다.

하지만 의식이 바뀐 지금 나는 부자들의 성공하는 법칙을 너무나 잘 알고 있다. 내가 꿈꾸는 것이 무엇이든 생생하게 상상하면 이루어진다는 사실을 말이다. 그래서 나는 항상 꿈을 크게 가진다. '그게 진짜 되겠어?'라고 생각하는 사람들의 의견은 가볍게 무시해버린다. 그 사람이 내가 꿈을 이루는 데 부정적인 영향을 조금이라도 미친다면 차단한다. 나는 강한 확신을 가지고 밀어붙인다. 정말 신기하게도 그러다 보니 내가 상상했던 삶이 하나둘씩 이루어지고 있는 기적을 맛보았다.

나도 몇 년 전에는 내가 그때의 10배가 넘는 월급을 받을 것이라고 상상하지 못했다. 그냥 그렇게 벌 수 있다고 하니 '저 사람은 대단하니까 저렇게 할 수 있지' 생각하며 남의 일처럼 받아들였다. 내 스스로 한계를 설정해놓은 것이다. 모두가 나에게 할 수 있다고 이야기했지만, 내 마음 깊은 곳에서 '넌 할 수 없어'라고 속삭였다. 아마 나처럼 자기 스스로 자신이 하찮은 사람이라고 생각하는 사람들이 많을 것이다. 그러니 당연히 세상 모든 것들이 불안하고 두렵고 위험하게 느껴지는 것이다. 그러니 적극적이고 도전적인 인생을 살기보다는 안정적이고 방어적인 인생을 살게 되는 것이다.

새우 무리에 사는 작은 새우 한 마리가 저 넓은 망망대해 바닷속이 궁금해 탈출한다고 하자 다른 새우들이 무리에서 벗어나면 큰일 난다고 말했다. 더 큰 물고기들에게 금방 잡아먹힌다고 말이다. 바깥세상이 너무 궁금했던 새우는 친구들의 말을 듣지 않고 무리를 탈출해 더 큰 바다로 나갔다. 친구들이 이야기했던 것과 달리 새우는 물고기들과 고래와 친해져 너무 재미있는 색다른 경험들을 많이 했다. 무리 안에서 언제 잡아먹힐지 몰라 도망다니고 두려움에 떨 때보다 훨씬 재미있었다. 만약 새우가 평생 무리에만 있었다면 아마 새우 무리를 낚시하는 그물에 걸려 그대로 새우젓이 되어버렸을지도 모른다. 어쩌면 당신과 주변 사람들이 알지 못하는 더 재미있는 세상이 있을지도 모른다. 당신은 무리 안에 새우들처럼 잡아먹힐까 두려워 무리를 벗어나지 못하는 것은 아닐까? 결국 무리의 끝은 그대로 함께 그물에 걸리는 것뿐이다.

당신 스스로의 한계를 뛰어넘어 크게 꿈꾸고 거인으로 거듭나길 바란다. 스스로가 거인이라는 것을 깨닫고 무리를 탈출했을 때 모든 것이 기회로 다가온다. 새로운 친구를 만날 기회, 처음 해보는 신나는 경험들을 할 수 있는 기회, 즉, 세상을 바라보는 관점이 달라질 것이다.

《놓치고 싶지 않은 나의 꿈 나의 인생 1》에서는 에디슨과 공동사업을 하게 된 에드윈 C. 번즈의 꿈을 이룬 이야기를 엿볼 수 있다. 번즈는 단순히 에디슨의 회사에 들어가 일하는 것이 꿈이 아니었다. 그의 꿈은 에디슨과 '함께' 일하는 것이었다. 지금 생각해보면 내가 '삼성의 이재용 회장과 함께 일하고 싶다'라고 꿈꾸는 것과 같이 막연하고 실현 불가능한 꿈일 것이다. 하지만 번즈는 포기하지 않고 자신의 꿈을 이룰 방법만 계속해서 연구했다. 에디슨이 있는 곳까지 갈 차비조차 없었던 번즈는 기차의 화물칸에 숨어서 에디슨이 있는 뉴저지까지 이동했다. 그만큼 그의 꿈은 간절했다. 번즈는 단순히 고향에서 에디슨이 있는 뉴저지까지 이동한 것이 전부다. 하지만 나는 여기서 번즈의 행동력을 보았다. 번즈가 '에디슨과 일하고 싶다'라고 생각만 하고 있었다면 절대 그의 꿈은 이룰 수 없었을 것이다. 그는 꿈을 꾸었고, 그 꿈을 이루기 위해 행동했다. 그런 행동들이 다른 기회들을 불러일으키는 것이다. 번즈의 간절함으로 에디슨의 연구실에서 일을 할 기회를 얻었고, 포기하지 않고 그는 자신의 실력을 키우기 위해 부단히 노력했다. 그 결과 마침내 번즈는 에디슨과 공동연구를 할 기회까지 잡게 되었다.

성공을 거두기 전까지 인생은 늘 롤러코스터를 타는 것과 같다. 작은 성공들도 있지만 크고 작은 실패들의 횟수가 더 많다. 그렇기 때문에 간절하지 않은 꿈들은 작은 돌멩이에도 흔들릴 수밖에 없다. 내가 공무원을 그만두고 네트워크 마케팅 사업으로 전향하며 딱 한 가지 마음먹은 것이 있다. 바로 '절대 포기는 하지 말자'라는 굳은 신념이었다. 나는 끝을 보고 나아갔다. 내가 최고 직급자가 되어 멋지게 스피치하는 모습, 경제적 자유를 누리며 시간의 자유를 만끽하는 모습, 내 인생을 내가 원하는 대로 디자인하는 모습을 상상하다 보니 꿈을 이루는 과정에서 일어나는 작은 문제들에 흔들리지 않을 수 있었다.

아무리 멋진 꿈을 가지고 있다고 하더라도 의심을 가진다면 이루어지지 않는다. 확신과 의심, 이 2가지 마음은 절대 공존할 수 없다. 대부분의 사람들은 자신의 꿈이 정말 간절하다고 생각하면서 행동은 정작 그렇지 않고, 마음속으로 의심하면서 주변 사람들의 말에 쉽게 흔들린다. 그러는 과정에서 부를 끌어당기기는커녕 부자가 될 기회를 날려버린다. 운도 기회도 흔들리지 않고 집중하는 사람에게 돌아간다.

TV에는 100개가 넘는 채널이 나온다. 드라마에 집중하고 있는 사이에는 다른 채널의 뉴스를 볼 수 없다. 여기저기 왔다갔다하며 볼 수 있다고 생각하지만 실제로는 정말 중요한 하이라이트들을 놓치게 되는 것이다. 한정된 시간 안에서 당신은 어느 채널에 집중할 것인지 선택할 수 있다.

당신이 꿈꾸는 만큼 부는 늘어난다. 오늘부터 매일 당신의 통장 잔액을 생생하게 상상해보라. 평소에 매일 꾸준히 상상하다 보면 에너지가 눈처럼 쌓여 당신의 환경이 되고, 저절로 바뀌게 된다. 당신의 꿈은 이루어질 수 있다.

부자가 되고 싶다면
부자처럼 돈 쓰는 법을 배워라

그동안 부자가 되고 싶다면 부자처럼 '돈 버는법' 또는 '돈 모으는 법'을 배우라는 이야기는 많이 들었는데 '부자처럼 돈을 쓰라고?' 하는 의문이 드는 날이 있었다. 내가 평소에 굉장히 존경하고 부에 관한 영향을 많이 받는 작가 부부가 있다. 바로 김태광, 권동희 작가님 부부다. 자수성가해서 200억 원대 부자며, 250여 권의 책 집필을 했고, 1,100명의 제자를 배출해내며 '한국책쓰기강사양성협회'를 운영 중이신 기업가다.

어느 날, 권동희 대표님과 점심을 먹기로 약속을 정하며 메시지로 일정을 조율 중이었다. 서로 주차 문제를 상의하다가 "권 대표님 슈퍼카 앞에서 사진 찍을래요" 하고 귀여운 메시지를 보냈다. 권 대표님에게서 돌아온 메시지는 충격적이었다. "어떤 차로 갈까요?"라는 답변이었다. 당연히 차는 한 대였던 나에게 차를 골라 타고 온다는 부자들의 세계는 가히 충격적이었다. 권 대표님 차를 타고 바로 앞에 있는 백화점으로 가서 입구에 발렛파킹을 맡기고 백화점을 이용했다. 나도 덩달아 VIP가 된 듯한 느낌을 받으며 굉장히 기분이 좋아짐을 느꼈다. 일류 체험을 하는 것은 내가 부자가 되기 위한 예행 연습을 하는 것이다. 대접을 받고 누리는 것이 익숙해야만 돈도 어색하지 않아서 나에게 오는 것이다. 그래서 이미 부자가 된 것처럼 매일 당당하게 나를 드러내는 것도 중요하다. 진짜 부자가 된다는 것은 누군가에게 영향력을 행사한다는 것이기 때문이다.

권 대표님은 나에게 사토 도미오(佐藤富雄)의《진짜 부자들의 돈 쓰는 법》이란 책을 소개해주셨다. 이 책에서는 부자들이 어떻게 돈을 쓰는지에 대해서 자세하게 설명되어 있었다. 책을 펼쳐서 목차를 넘겨보는데 눈에 확 들어오는 제목이 있었다. 바로 '내 집 마련을 해서는 안 된다'라는 제목이었다. 집이 없는 사람들에게 내 집 마련은 일생일대의 큰 목표다. 그런데 내 집 마련을 해서는 안 된다니 이게 무슨 말인가 싶어 호기심이 생겨 책을 펼쳤다. 저자가 현재 살고 있는 집은 눈앞에 바다가 펼쳐져 있고, 근처에 요트 하버가 있는 그야말로 이상적인 집이다. 저자는 전 세계의 유명한 지역에서 거주한 경험은 있지만, 소유했던 집은 없었다. 모두 빌린 것으로 잠깐 살다가 이사가는 임시 거처였다. 그는 소유하고 싶다는 생각을 전혀 하지 않았다. 집세가 매달 나갔기 때문에 주변 사람들은 "집을 사는 편이 낫지 않아?"라고 말했지만 그는 집이나 토지는 '현재의 자신에게 어울리는 공간'이라는 생각을 고수했다. 그는 집세를 지불하고 그 집의 '점유권'을 갖는 것이라고 말한다. 때문에 당연하듯 평생 이사를 하며 자신의 라이프스타일에 맞는 삶을 살아간다. 만약 그가 젊은 나이에 집을 사서 그 집에 평생 살았다면 어땠을가? 그렇게 되면 그의 성장 역시 거기서 멈췄을지도 모른다.

나 역시 집에 대한 개념을 점유의 개념으로 본다. 우리나라뿐만 아니라 해외 곳곳에서도 살아보고 싶은 욕심이 있다. 이 사업을 하기 전부터 '전 세계를 돌아다니면서 살고 싶다'라는 생각을 하며 살아왔는데 현실적으로 불가능한 꿈이기 때문에 드러내지 않고 살아왔다. 하지만 네트워크 마케팅 사업을 하면서 글로벌 사업자들도 생기고, 점점 함께 비즈니스하는 국가가 늘어가면서 '한달 정도씩 다른 나라에서 살아도 경제활동을 할 수 있겠구나'라는 생각이 들기 시작했다. 나의 버킷리스트에는 '보라카이 한 달 살기', '지중해 크루즈 여행하기', 그리고 '크루즈 안에서 글로벌 사업자 리크루팅 하기' 등이 적혀 있다. 버킷리스트를 이루기 위해 나는 매달 일정한 금액을 적립하며 세계를 누릴 나의 꿈을 키워가고 있다. 그리고 미니 금고를 사서 언젠가 큰 금고로 키워갈 목표도 세웠다. 예쁜 사슴 모양 저금통에는 금액에 상관없이 매일 저금을 하면서 하루에 한 번씩 경제적 자유를 누릴 상상을 하며 기분 좋은 느낌을 유지하려고 노력 중이다.

내가 돈을 벌고 난 뒤 바뀐 우선순위는 편리함에 돈을 지불한다는 것이다. 월급이 일정했던 직장인일 때는 한푼이라도 아껴보려고 비교해보고, 할인쿠폰을 사용하고, 오프라인 매장에서 봐둔 물건도 조금이라도 더 저렴한 온라인으로 구매하곤 했다. 하지만 지금은 시간이 더 소중하기 때문에 레버리지를 잘 활용한다. 집안일에 시간이 많이 들기 때문에 청소 이모님이 청소를 해주시고, 나는 그 시간에 잘할 수 있는 돈 버는 일을 한다. 집에 인공지능 스피커인 '샐리'가 있는데 샐리에게 "음악 틀어줘"라고 하면 샐리가 나의 플레이리스트를 틀어준다. 매일 하루를 샐리 덕분에 기분 좋게 시작하고, 나는 샐리와 연동된 음악 어플리케이션에 매달 5,000원씩 지불한다.

자기계발에도 돈을 아끼지 않는다. 의식에 도움이 되고 나의 성장에 도움이 되는 책이라면 아무리 비싸도 소장한다. 책을 읽고 한 문장이라도 나의 성장에 도움이 된다면 빨리 지혜를 습득하고 시간을 아끼는 것이 돈 버는 일이라고 생각하기 때문이다. 의식 성장에 도움이 되는 유료 독서토론 세미나에도 돈을 지불한다. 돈을 지불함으로써 나의 우선순위를 바꾸고, 빠지지 않으려고 노력한다. 편리하게 사용할 수 있는 어플리케이션도 유료 버전을 사용한다. 물류를 하면서 물건을 많이 옮겨야 하거나 정리해야 할 때는 아르바이트를 써서 체력을 아낀다. 이 모든 것이 단순히 돈이 많아서가 아니다. 나는 먼저 돈을 지불했기 때문에 돈을 벌었다고 생각한다.

부자들은 항상 최고의 기분을 유지하려고 한다. '어떻게 사람이 계속 기분 좋을 수가 있죠?'라고 생각할 수 있지만 부자들은 그렇게 할 수 있다. 부자들은 부자가 되는 루틴을 가지고 있다. 늦잠 자는 부자를 본 적

있는가? 부자들은 다른 사람들보다 하루를 일찍 시작한다. 시간의 소중함을 알기 때문이다. 부자들은 가격이 아니라 가치를 본다. 롤렉스시계가 몇천만 원을 호가하지만 그 가치를 알기 때문에 구매한다. 명품은 재고가 없어서 구매하는 데 대기해야 할 정도다. '사람이 명품이 되어야지'라고 할 수 있지만 내가 명품이기 때문에 명품을 입는 것이다. 두근거림은 '부자가 되는 것'이 아니라 '부자가 되어 돈을 쓰는 것'에 있다. 돈을 쓰면서 느끼게 되는 두근거림이 더 큰 돈을 벌게 만든다. 하지만 아주 어렸을 때부터 '돈은 아껴 쓰는 것이다'라는 인식이 강하게 자리 잡았던 터라 생각을 바꾸기는 쉽지 않았다.

하지만 부자들을 만나고 지켜보면서 돈을 모으는 것보다 잘 쓰는 것이 더 중요하다는 사실을 절실히 깨닫게 되었다. 예전에는 사고 싶은 물건이 있으면 계속 미루고, '다음에 여윳돈이 생기면', '다음에 카드값이 정리되면' 하고 미루는 게 일상이었다. 하지만 지금은 사고 싶은 것이 생기면 과감히 바로 구매를 하고, 더 열심히 일하는 방법을 택했고, 그 결과 나는 훨씬 더 많은 돈을 벌어가고 있다.

돈을 아끼고 모으면 돈을 볼 때마다 힘들고 지쳐가는 느낌이 든다. 써보지도 못하고 집을 사고, 써보지도 못하고 매달 대출금을 갚으면서 내 젊은 인생을 낭비하고 싶지 않다. 팔팔한 내 젊음을 바쳐 돈을 벌고, 그 돈을 써보지도 못하고 시들시들한 나를 위해 저축해야 하는 그런 삶을 20년 뒤 나는 원치 않을 것이다. 젊었을 때 원하는 것을 가지고, 누리며, 인생이 행복하고 즐겁다는 사실을 인지하면서 주어진 일에 최선을 다해 돈을 벌고, 나에게 멋진 인생을 선물해주고 싶다.

만약 이 글을 읽고 '그렇다면 지금 당장 어디에 돈을 쓰는 게 좋을까?'라고 고민하는 사람이 있다면 나는 2가지를 추천하고 싶다. 첫째, 당신의 의식을 높이는 책을 사서 읽어라(전자책이나 대여는 추천하지 않는다). 둘째, 세미나에 참석하라. 무료 세미나든 유료 세미나든 이동 비용을 포함해 식비까지 고려하면 비용이 꽤 드는 것이 사실이다. 하지만 당신이 세미나에서 얻을 수 있는 것은 그 비용보다 훨씬 많다. 다양한 사람들을 만나 눈으로 보고, 귀로 듣고, 서로 이야기하며 신선한 자극을 받을 수 있다.

그리고 그 세미나가 당신을 다양한 기회로 이끌 것이다. 왜냐하면 사람들은 결국 어떻게 해서든 다른 사람들과 영향을 주고받으며 살아간다. 각계각층의 사람들을 만나며 세미나에서 얻은 자극과 정보가 당신에게 다른 배움의 길을 제공할 것이다. 네트워크 마케팅 사업 설명회도 편견 없이 참석해보는 것을 추천한다. 다른 사람에게 들었던 이야기가 아닌 직접 들어보고 경험해 보고 판단해도 늦지 않으니 말이다. 어쩌면 나처럼 그 세미나가 당신의 인생을 바꿀지도 모른다. 행운을 빈다.

절대 잊을 수 없는 내 인생 최고의 1년

누구나 자신의 인생을 지금보다 더 풍요롭고 화려하게 변화시키고 싶다. 나 역시 내 인생을 내가 원하는 대로 디자인하고 싶었다. 여기서 중요한 것은 부모님이 원하는 것이 아닌 내 자신이 원하는 삶이라는 것이 가장 중요한 포인트다. 나는 스물세 살에 교생실습을 마치고, 캐나다 유학길에 올랐다. 처음으로 부모님과 떨어져 혼자 독립을 하게 된 것이다. 두려움 반, 설레임 반으로 낯선 타국 땅에서 적응하기 시작했다. 처음에는 '자유다!'라는 생각이 들어서 신이 났다. 하지만 시간이 지날수록 자유란 책임과 의무를 다한 뒤에 찾아오는 것이라는 것을 깨닫게 되었다. 눈을 떠서 잠이 들 때까지 모두 내가 알아서 해야 했고, 내가 할 수 없는 일은 비용을 지불하거나 누군가에게 부탁해야지만 해결할 수 있었다. 그럼에도 불구하고 나는 내가 모든 것을 결정하고 책임질 수 있는 자유가 좋았다.

국적이 달라도 언어가 달라도 다른 사람에게 피해만 주지 않는다면 옷을 어떻게 입고 다니든, 무엇을 하든 다른 사람에게는 관심을 두지 않는 문화도 굉장히 편했다. 겉으로 보이는 면보다는 그 사람이 내면에 어떤 생각을 가지고, 어떤 경험을 했는지가 더 중요시되는 사회 같았다. 서양 문화를 경험해보니 보이는 것도 중요하지만, 내실 역시 알찬 사람이 되어야겠다는 생각이 들었다.

경영학과를 졸업한 사람이라면 입학과 동시에 가장 먼저 '피터 드러커(Peter Drucker)'라는 이름을 만나게 된다. 그는 '경영학의 아버지'라고 불리는 미국의 경영학자다. 피터 드러커의 명언 중에 기억에 남는 것이 있다.

"내가 살면서 배운 가장 중요한 교훈 한 가지는 매년 그해 달성한 결과를 되돌아보고, 내 기대치와 비교해보아야 한다는 것이다."

그래서 나는 매년 12월이 되면 나의 1년을 돌아보는 리포트를 쓴다. 먼저 내가 가장 잘한 점과 개선해야 될 점을 적어본다. 이렇게 함으로써 얻은 교훈 3가지를 작성한다. 2021년 가장 잘한 점은 지방에서 수도권으로 이사를 온 것이다. 몇 년째 망설이던 이사를 하고 내 생애 첫 책도 쓰고, 코로나 시기에도 불구하고 연봉이 2배 향상됐으니 가장 잘한 점이라고 할 수 있다. 개선해야 할 점은 불규칙적인 바이오리듬과 여전히 운동을 하지 않는다는 것이다. 하고 싶은 것만 하고 하기 싫은 것은 안

하는 패턴은 매년 목표에 써넣는 개선해야 할 점이다. 그리고 2021년에 얻은 교훈 3가지는 다음과 같다.

성공해서 책을 쓰는 것이 아니라 책을 써야 성공한다.
끝에서 시작하라. 이미 이루어 진 것처럼 살아라.
내가 나를 정의하지 않으면 남이 나를 정의하게 된다.

2021년은 책을 쓰면서 나의 의식을 엄청나게 바꾼 한 해였다. 모든 것은 마음 먹기 나름이라는 교훈을 몸으로 체험한 한 해였으며, 대단한 사람이나 책을 쓸 수 있다고 생각했는데, 막상 써보니 나도 누군가가 하지 못한 경험을 하고, 나의 경험이 누군가에게 교훈이 되고, 도움이 될 수 있다는 사실이 뿌듯하기까지 했다. 책을 쓰고 브랜딩이 되면서 함께하고 있는 사업 역시 더욱 잘되었고 부모님께도 자랑스러운 딸이 될 수 있어서 몹시 행복한 한 해였다.

그다음 적는 것은 나의 커리어에 관한 것이다. 조직 내에서 나의 역할을 파악하는 것도 굉장히 중요한 일이다. 그래야 내가 앞으로 해나가야 할 일들이 눈에 보이기 때문이다. 누가 시켜서 하는 일이 아닌 주도적으로 나의 커리어를 쌓아가는 것도 리더의 역할이라고 생각한다. 최고 직급자로서 나의 역할을 곰곰이 생각해보니 결국은 시스템을 만들어서 어떻게든 산하 팀들이 편하게 사업할 수 있는 발판을 만들어줘야겠다는 생각이 들었다. 그래서 팀원들이 편하게 사용할 수 있게 제품 사용법을 영상으로 기록하고, 유튜브를 통해 링크를 활용할 수 있도록 했다. 한 명, 두 명 사용하기 시작하면서 어느새 내 영상을 보고 많은 사람들이 제품 사용법을 익히고 새로운 제품을 궁금해 하기도 하며 매출 향상에 도움이 되었다. 회사에서 나를 보고 중국 사업자들이 TV에서 봤다며 사진을 찍어가기도 했다. 영상에서 내 얼굴을 매일 보기 때문에 친근하게 느끼고, 실제로 만나면 반갑게 맞아주시기도 한다.

앞으로 내가 해나가야 할 일 역시 끊임없는 복제가 일어나게 만드는 일이다. 같은 일을 함께할 파트너들을 모집함으로써 더 큰 체인사업을 하는 것이다. 나는 다운라인의 사업이 잘되게 도와주고 그 매출을 서로 공유해서 회사로부터 할당된 수익률을 나누어 갖는다. 예를 들면 내가 추천한 파트너 A가 보너스로 1점을 받을 때, 나는 내 보너스 1점에 A의 보너스 1점까지 더해 총 2점을 추가로 받을 수 있다. 네트워크 마케팅 사업은 후원수당이 무제한이기 때문에 이렇게 함께 보너스를 받는 파트너를 늘려가면 똑같은 매출을 올리고도 더 많은 보너스를 받을 수 있는 구조다. 때문에 더욱 빠르고 쉽게 복제가 되는 시스템을 만들어 팀들과 함께 부를 키워나갈 연구에 매진하는 것이 내가 앞으로 나아가야 할 일이라고 생각한다.

그리고, 다가올 새해의 10가지 목표도 함께 적어본다. 목표는 카테고리별로 10가지로 나눠 간단한 목표를 기록한다. 예를 들면 다음과 같다.

1. 가족 : 매일매일 전화드리기. 안 되면 이틀에 한 번이라도 전화드리기

2. 커리어 : 리더십 보너스를 꼭 받는 마스터 되기

3. 글쓰기 : 매년 책 1권 출간하기. 베스트셀러 작가 되기

4. 친구 : 진짜 나를 응원해줄 수 있는 꿈 친구들 만들기

5. 연애 : 나이에 연연하지 말고 진짜 함께하고 싶은 사람 찾기

6. 금융 : 현금 1억 원 모으기

7. 공부 : 향후 도움이 되는 공부하기

8. 건강 : 매일 1분 스트레칭하기. 필라테스하기

9. 독서 : 의식을 높여주는 책 읽기. 핵심 독서법으로 매일 1시간 독서하기

10. 인격 : 선한 영향력 행사하기. 기부와 후원 아끼지 않기

이렇게 10가지의 카테고리를 나눠 새해의 목표를 적어보고, 매일 보면서 최대한 이룰 수 있도록 시각화한다. 그리고 일별, 월별, 분기별로 틈틈이 점검하며 잘 지켜지고 있는지 셀프 체크도 필요하다. 체크는 다음과 같이 한 일을 적어보는 형태로 한다.

1. 부모님께 매일은 아니지만 일주일에 두 번 전화드렸다.

2. 리더십 보너스를 계속 받는 마스터가 되었다.

3. 세 번째 책을 쓰고 있다.

4. 함께 일하는 팀원들과 동기 작가님들과 꿈 친구가 되었다.

5. 좋은 인연은 계속 찾고 있는데, 시간이 없다.

6. 목표 금액 절반 이상을 저축했다.

7. 주식, 부동산 공부를 시작했다.

8. 1분 스트레칭은 시도 중이고 필라테스는 수강 등록할 예정이다.

9. 의식 성장에 도움이 되는 책을 10권 이상 읽었다.

10. 유니세프에 매월 3만 원씩 후원을 시작했다.

이렇게 한 일들을 적어봄으로써 내 목표가 잘 지켜지고 있는지 점검할 수 있다. 기록의 힘은 정말 엄청나다. 매일 일기 쓰듯이 한 일을 적어보고 감사한 마음을 표현하는 것만으로 내가 기록한 거의 모든 것들이 이루어지는 신기한 경험을 하게 된다. 그리고 매년 한 해 마무리를 하면서 1년 뒤 '나에게 쓰는 편지'를 적어보면 1년 뒤 성장한 나와 지금의 나를 비교할 수 있어서 참 좋다. 부끄럽긴 하지만 1년 뒤의 나에게 편지를 써보는 것을 추천한다. 나에게 편지를 쓰면서 안쓰럽고, 고생했던 내 마음도 어루만져주고, 누구한테도 말하지 못했던 비밀을 털어놓을 수 있다. 이 편지는 사진을 찍어 예약 전송으로 6개월, 1년 뒤에 내가 받을 수 있도록 발송해 놓는 것도 하나의 팁이다.

꿈을 갖고 사는 사람은 매 순간이 벅차게 행복하다. 두려움 없이 주고, 또 주는 사랑을 경험하며 행복함을 느끼고, 매주, 매달, 매 분기마다 나를 돌아보는 시간을 가지면서 선한 에너지를 입력하면 더욱 발전된 선한 에너지를 출력할 수 있다. 이렇게 해가 바뀔수록 계속 성장하는 삶을 살다 보면 시간이 흐르는 것이 불안하거나 두렵지 않다. 매해 더욱 성장하고, 더욱 충만해지기 때문이다. 〈꽃보다 누나〉라는 방송프로그램에서 배우 윤여정은 "60이 되어도 몰라요. 나도 처음 살아보는 거잖아. 나 67살이 처음이야. 알았으면 내가 이렇게 안 하지. 누구나 처음 태어나, 처음 살아보는 인생이야. 그래서 항상 아쉬울 수밖에 없고, 아플 수밖에 없고, 인생을 계획할 수가 없어. 그냥 사는 거야. 나도 이 나이는 처음이야"라는 명언을 남겼다.

아무것도 하지 않으면
아무 일도 일어나지 않는다

우리 몸은 가장 중요한 2가지를 가지고 있다. 바로 '뇌'와 '심장'이다. 만약 뇌와 심장 중에 한 가지만 선택해야 한다면 당신은 무엇을 선택하겠는가? 만약 둘 중에 하나를 골라야 한다면 뇌가 더 중요할까? 심장이 더 중요할까? 물론 2가지 다 중요하다. 하지만 뇌가 멈추고 심장이 뛰면 '뇌사'라고 표현을 하며 여전히 살아 있는 사람으로 분류한다. 하지만 심장이 멈추면 '사망'이라고 말한다. 뇌를 생각, 심장을 행동이라고 생각했을 때 생각보다 조금 더 중요한 것이 바로 행동이다.

우리가 인생을 살아가는 목적은 결국 행복해지기 위해서다. 그리고 '부'역시 빼놓을 수 없는 심장과도 같은 것이다. 그렇다면 우리가 행복해지고 풍요로워지기 위해서 반드시 우선적으로 해야 하는 것은 무엇일까? 어렸을 때는 열심히 일하면 언젠가는 행복해질 수 있을 것이라고 생각했다. 하지만 아무리 열심히 일해도 행복은커녕 더 힘들어지기만

했다. 이 비법을 알기 전까지는 말이다.

〈하버드 비즈니스 리뷰〉에 따르면, 행복한 사람들은 31%만큼 더 생산적이고, 37%만큼 더 높은 임금을 받으며, 동료에 비해 세 배 더 창의적이라고 한다. 그렇다면 행복해지기 위해서 가장 우선적으로 해야 할 일은 무엇일까? 바로 지금 당장 행복해지는 것이다. 행복을 느끼면 모든 것이 깨달음으로 다가온다. 아무리 힘든 일이 눈앞에 닥쳐도 좌절하기보다는 '이 일로 나에게 어떤 교훈을 주시려는 걸까?'라는 생각이 들고, 더욱 성숙한 사람이 된다.

《행복의 특권》의 저자 숀 아처(Shawn Achor)는 다음과 같이 말한다. "현실이 반드시 우리를 변화시키는 것이 아니라 우리의 뇌가 세상을 바라보는 방식을 통해 현실이 변한다." 긍정적이든 부정적이든 우리가 하는 말과 행동은 다른 사람의 태도와 성과에 영향을 미친다. 특히 네트워크 마케팅 사업에서 파트너가 어떤 말을 하느냐는 나의 수입과 굉장히 밀접한 관련이 있다. 감정은 전염력이 강해 주변에 전염될 수 있고, 그 영향력을 부모가 자녀에게, 교사가 학생에게, 상사가 부하 직원에게, 친구가 친구에게, 스폰서가 파트너에게, 파트너가 스폰서에게 서로 영향을 줄 수 있다. 노인들에게 나이가 들수록 기억력이 떨어진다고 말해주었을 때 노인들의 기억력이 실제로 급격하게 낮아졌다는 연구 결과도 있다.

네트워크 마케팅 사업을 하는 리더들 중에서도 파트너들을 대할 때 여전히 약점과 실수를 지적하는 리더들이 적지 않다. 나 역시 칭찬을 해줘야 하는 걸 알고 있으면서도 나도 모르게 지적하고 있는 나 자신을 볼 때가 있다. 유능한 리더들은 직원의 장점과 가능성에 대해 언급하고, 신뢰를 적극적으로 표현함으로써 조직 전체에 긍정적인 자극을 주고, 선한 영향력을 행사한다. 이 비밀을 몰랐을 때는 실수를 지적해주면 빠르게 고쳐지고, 조직에 도움이 될 것이라고 생각했다. 하지만 그것이 동기부여에 전혀 도움이 되지 않는다는 것을 깨닫고 이제는 격려와 칭찬을 하는 리더가 되어가려고 노력 중이다.

뭐든 처음하는 일은 두렵고 낯설다. 우리가 두려워하는 이유는 굉장히 과학적이다. 인류가 처음 동굴에서 무리생활을 할 때 동굴밖의 어떤 천적이 공격해올지 알지 못했다. 그래서 무언가를 새로 시작하거나 도전할 때 인간은 항상 부정적인 생각을 먼저 하게 되는 것이다. 그래야만 자신을 보호할 수 있었기 때문이다. 하지만 이런 본능도 의도적인 뇌의 훈련으로 바꿀수 있다는 사실이 너무 재미있다. 캘리포니아 대학의 심리학 교수인 소냐 류보머스키(Sonja Lyubomirsky)는 《행복도 연습이 필요하다》에서 환경이 우리에게 얼마나 영향을 주는지에 대해 말하고 있다. 단 10% 정도만 환경의 영향을 받는다는 것이다. 즉, 행복의 90%는 내가 세상을 어떤 관점으로 바라보는지에 달려 있다. 따라서 내가 의도적으로 행복해져야 한다. 지금 당장 행복해질 수 있는 가장 쉬운 방법 3가지를 소개하겠다.

첫째, 유튜브에서 자신이 좋아하는 연예인 영상을 본다. 실제로 사랑을 하고 있는 사람의 뇌를 MRI로 찍었더니 도파민이 분비되어 뇌가 핑크빛으로 바뀌는 현상을 볼 수 있었다. 그런데 좋아하는 연예인의 사진을 보는 것만으로 사랑하는 뇌보다 더욱 많은 도파민이 분비된다는 실험 결과가 있다. 즉, 잘생기고 예쁜 것을 보면 뇌에서 도파민이 분비되는 것을 이용하는 것이다.

둘째, 아무것도 하지 않고 2분간 명상을 해본다. 지금 당장 내가 처한 환경을 바꿀 수 없다면 눈을 감고 내가 가고 싶은 곳을 떠올려보는 것만으로도 상황을 바꿀 수 있는 좋은 방법이 된다.

셋째, 가진 것에 감사함을 느껴본다. 건강한 것에도 감사, 가족이 있다는 사실에도 감사, 지금 가진 것에 감사하는 마음을 가져본다. 충만한 느낌이 들 것이다.

사람들이 착각하고 있는 것 중 하나는 '더 이상 나빠질 것도 없다'라는 생각이다. 하지만 우주의 법칙에서 보자면 좋아지는 것도 무제한이지만, 나빠지는 것도 무제한이다. 때문에 중간이라도 유지하기 위해서는 부단히 노력하지 않으면 안 된다.

나는 대학 시절, 그리고 사회 초년생 시절에는 '착한 사람 콤플렉스'가 있었다. 다른 사람들에게 착해 보여야 한다는 생각이 강해 쉽게 거절하지 못하는 성격이었다. 내 일이 밀려 있는데도 다른 사람이 부탁하면 그 일을 먼저 처리해주곤 했다. 일 처리가 빠르니 당연히 다음 번에 다시 부탁받는 일이 잦았다. 그때 당시에는 '내가 이 일을 거절하면 나를 욕하지는 않을까?'하는 생각에 사로잡혀 내 삶을 살기보다는 다른 사람들에게 인정받으려고 애쓰며 살아왔던 것 같다.

하지만 시간이 지난 지금 다른 사람은 나에 대해 딱히 관심이 없다는 것을 알게 되었고 나를 잘 모르는 사람들이 하는 이야기는 신경 쓸 필요가 없다는 판단을 내렸다. 행복해지기 위해서는 타인의 비판으로부터 자유로워져야 한다. 사회적 동물인 인간은 왕따나 악성 댓글을 겪고 나면 정신적인 충격이 너무 커서 헤어나오기 힘들어지는 경우가 많기 때문이다. 지금부터라도 타인의 시선으로부터 자유로워지는 연습이 필요하다.

자유로워졌다면 이제는 진짜 행동할 차례다. 만약 당신과 내가 숲속을 걷고 있다고 해보자. 우리는 나무에서 아주 작은 표시를 발견한다. 하지만 우리는 이 표시를 그냥 스쳐 지나간다. 조금 더 가서 우리는 나무에서 비슷한 표시를 또 발견하게 된다. '이게 뭐지?' 하고 궁금해지기 시작한다. 조금 더 가서 우리는 바닥에서 발자국을 발견하게 된다. 그리고 얼마 가지 않아 우리는 곰을 만나게 된다. 이제 우리는 나무에서 작은 표시를 발견하는 것만으로 곰이 있다고 이해하게 된다. 경험에서 빠르게 배운 것이다.

뭐든 처음에는 아무것도 알지 못한다. 하지만 실제 행동해봄으로써 배우고, 그것이 나의 생존이나 필요에 의한 것이라면 더욱 빨리 배우게 된다. 그렇기 때문에 나의 행복과 풍요로운 미래를 위해 원하는 삶을 명확하게 상상하고, 행복해지기 위해서 의도적으로 노력해야 하는 것이다. 네트워크 마케팅 사업을 하면서 많은 사람들을 만나다 보니 나는 크고 작은 일들을 많이 겪어야 했다. 하지만 명확한 목표가 있었고, 내가 행복해지고 다른 사람들도 나처럼 행복해지기를 바라기 때문에 강력하게 네트워크 마케팅 사업을 시작하라고 강력 추천한다.

만약 네트워크 마케팅 사업을 하고 있는 사업자가 이 책을 본다면, 그리고 자신의 꿈을 위해 달려가는 모든 사람들에게 묻고 싶다.

"그 일을 하는 이유가 무엇인가? 그 일을 통해 무엇을 얻고 있는가?"

나는 네트워크 마케팅 사업을 통해 시간적 자유, 경제적 자유, 공간적 자유를 누리고 싶은 꿈이 있다. 내가 원하는 시간에 일하고, 돈 걱정을 하지 않고, 원하는 곳에서 하고 싶은 일을 하며 사는 삶을 누리기 위해 오늘도 열심히 꿈나이를 먹어간다. 네트워크 마케팅 사업을 하면서 부자가 될 수 있는 돈 공부를 하게 되었고, 진정으로 나를 응원해주는 사람들을 가릴 수 있는 기회를 얻었다. 내가 생각한 아이디어를 프로젝트로 만들어 일을 진행하면서 재미와 가치창출에 대한 비전을 보았다. 나는 네트워크 마케팅 사업을 통해 소원을 이루는 기술을 배운 것이다. '한다'에서 끝내는 것이 아니라, '한다'에서 시작하라. 일단 시도하라. 아무것도 하지 않으면 아무것도 일어나지 않는다.

혼자가 아닌 함께 성공을 꿈꿔라

'작심삼일'은 단단히 먹은 마음이 사흘을 가지 못한다는 뜻이다. 아마 이런 경험은 누구나 해 보았을 것이다. 매년 1월 1일이 되면 다이어트, 운동, 독서, 영어공부 등 거창하게 계획을 세우지만 늦잠을 자서, 모임이 생겨서, 졸음을 참지 못해서 등의 이유로 대부분의 계획이 계속 수포로 돌아가곤 한다. 나 역시 성공한 목표보다는 실패한 경험들을 더 많이 가지고 있다. 그래서 어떻게 하면 내가 원하는 목표를 달성하고, 성공할 수 있을지에 대해 고민한 끝에 목표를 달성할 수 있는 특별한 장치를 마련해야겠다는 생각이 들었다. 왜냐하면 네트워크 마케팅 사업은 아무리 나 혼자 잘한다고 해도 팀이 함께 성공하지 못하면 절대 나 혼자서 성공할 수 없는 사업이기 때문이다. 한 사람의 능력보다는 협력해서 오래, 그리고 끝까지 함께 가는 것이 더 중요한 일이다.

나는 늦게 자고 늦게 일어나는 올빼미형 인간이었다. 그런데 일어나는 시간이 늦어지다 보니 눈 떠서 준비를 하고 나가면 점심시간이 되어 있기 일쑤였다. 이제는 진짜 일찍 일어나야겠다고 마음을 먹었지만 알람 소리는 꿈속에서나 들리는 듯했다. 나는 일찍 일어나고 싶었지만 스스로를 통제하기 힘들었다. 그래서 내가 도움을 받을 수 있는 상위 스폰서에게 도움을 요청했다. 매일 아침 7시에 줌으로 미라클 모닝을 함께하자고 했다. 처음에는 5명 정도 되는 크루를 모았지만 스폰서와 나를 제외한 3명이 점점 하나씩 안 들어오기 시작했다. 처음에는 스폰서와 둘이서 30분 정도 독서하고, 좋은 문구를 주고받았다. 처음 일주일은 일어나는 것이 너무 힘들고, 오후가 되면 나도 모르게 꾸벅꾸벅 졸기도 했다. 하지만 이 주일이 지나고 한 달, 두 달, 그렇게 시간이 지나자 이제는 알람 없이도 아침 6시 30분이 되면 눈이 떠졌다. 나는 이제 미라클 모닝을 함께 하지 않아도 스스로 일어나서 스타벅스 모닝을 한다. 팀의 도움으로 내 시간을 잘 활용할 수 있는 좋은 습관을 익히게 된 것이다.

만약 원하는 것을 획득하고 싶다는 마음이 간절하다면 당신과 목표가 같은 사람들과 정기적인 모임을 가지는 것을 추천한다. 내가 미라클 모닝을 매일 했듯이 정기적으로 자극을 받을 수 있는 모임이 필요하다. 이 모임에서 좋은 자극을 받으며 서로를 응원해주고, 각자가 얼마나 목표에 다가갔는지 평가받는 것도 좋다. 누군가에게 '오늘 무엇을 할지'를 이야기하는 것만으로도 약속을 지키기 위해 더 열심히 하게 되기 때문이다.

우리 팀은 매주 월요일 최고 직급자들과 화상회의를 한다. 한 주 동안 자신이 목표를 달성하기 위해 한 일을 이야기하고, 다음 주에는 무엇을 달성할 계획인지에 대해 이야기한다. 사람이 많기 때문에 개인에게 주어지는 시간은 3분이다. 다른 사람들의 시간을 서로 존중해야 하기 때문에 개인적인 이야기나 집안 이야기는 하지 않는다. 한 사람의 이야기를 듣다가 귀한 시간을 낭비하는 경우가 있기 때문에 시간 제한을 두고 미리 준비해서 발표하게 한다. 산하 파트너에 대해 더 상의할 일이 있는 사람들은 따로 시간을 빼서 다른 미팅 링크로 이동한다. 줌 미팅은 필요에 따라 필요한 사람들과 언제 어디서나 할 수 있다는 장점이 있다. 스마트폰과 이어폰만 있으면 된다.

사람들은 마감일이 정해진 과제를 할 때 두 배의 에너지를 쏟아 마무리하는 습성이 있다. 실제로 우리 사업에서도 3개월 기한 안에 3 : 3 : 3 대 비율로 노력하는 것이 아니라 1 : 1 : 7의 비율로 승급하는 사람들이 훨씬 많다. 미리미리 하라고 계획을 함께 세우지만 정말 이렇게 계획대로 승급하는 사람은 드물다. 그래서 우리는 승급 목표가 간절한 사람들은 사람들이 많이 모여 있는 자리에서 자신의 목표를 큰 소리로 발표하도록 한다. 누군가에게 나의 목표를 큰 소리로 말하는 것만으로도 목표를 달성할 확률이 높아지는 경우를 많이 경험했다.

그래서 목표를 달성하고 싶은 욕구가 간절한 사람들끼리 모임을 구성하고, 내가 혼자 놓쳐버린 것들을 서로에게 이야기해주고, 쉽게 지칠 수 있는 나에게 지치지 않고 목표를 향해 갈 수 있는 동기부여를 해주는 것이다. 또한 나와 비슷하게 시작한 사람이 나보다 앞서나가는 것을 보면 선한 자극을 받고 잠을 자지 않고서라도 더욱 노력할 수 있는 동기부여가 된다. 가장 바람직한 모임의 목적은 서로에게 동기부여를 주며 구성원 모두가 자신의 목표를 달성하는 것이다. 혼자 성공하고자 하는 목표보다 모두 함께 달성하는 목표의 파워가 훨씬 더 강력하다.

나는 팀들과 함께 성공하고 싶다는 욕망이 강한 사람이다. 내가 리크루팅을 했던 팀들도 내가 누리는 경제적인 편안함을 빨리 느꼈으면 했다. 그래서 누구나 쉽게 익히고 바로 적용시킬 수 있는 더 강력한 시스템을 만들고 싶었다. 어떻게 하면 더 쉽게 배울 수 있을까? 어떻게 하면 매일 꾸준히 준비하고 성장할 수 있을까? 나는 그게 무엇이든 쉬워야 따라 하고, 재미있어야 지속된다고 생각한다.

네트워크 마케팅 사업은 업라인이 나에게 월급을 주는 것이 아니다. 그렇기 때문에 일반 직장과는 다르다. 스폰서가 나에게 잘못된 오더를 내리거나 내 업무가 아닌 일을 지시했을 때는 할 필요가 없다. 하지만 사람끼리 하는 일이기 때문에 이런 업무 분담이 모호한 경우가 많다. 겉으로는 화려해 보이는 팀들도 업무에 관한 문화가 정착되지 않으면 내부 분란이 일어나기 쉽다. 그래서 네트워크 마케팅 사업을 결정할 때는 회사뿐만 아니라 내가 들어가서 정말 돈을 벌 수 있는 시스템을 갖춘 팀인지 충분히 고려해본 뒤 결정하는 것이 좋다. 여러 명을 한자리에 모아놓고 하는 세미나는 대형 학원 온라인 강의라고 생각하면 된다. 어차피 잘될 애들은 잘되는 것이다. 하지만 평범한 사람들은 일대일 과외가 필요하다. 내가 어떤 부분이 부족하고 어떤 부분을 보완해야 하는지 점검해주고, 함께 뛰어줄 개별 시스템이 준비되어 있는 팀인지도 꼭 확인해야 한다.

톨스토이(Tolstoy)는 "모든 행복한 가정은 서로 비슷하나, 모든 불행한 가정은 저마다의 이유로 불행하다"고 했다. 팀을 만들어 성과를 내기 위해 프로젝트를 할 때 아주 작은 이유들로 팀 내 균열이 일어나기 시작한다. 대니얼 코일(Daniel Coyle)의 《최고의 팀은 무엇이 다른가》에서는 흥미로운 실험 이야기가 나온다. 닉이라는 20대 청년이 한 회의실에 편안하게 앉아 있는데, 평범한 미팅처럼 보이지만 실상은 닉이 그 회의에서 성과를 내지 못하도록 방해하는 임무를 맡았다.

닉은 이 실험에서 3가지 역할을 맡았다. 공격적이고 도전적인 훼방꾼인 저크(Jerk), 노력을 전혀 기울이지 않는 슬래커(Slacker), 마지막으로 무기력하고 풀이 죽은 다우너(Downer)다. 이 실험은 40여 개의 스타트업 회사의 마케팅 팀을 대상으로 진행되었고 '독사과 실험'이라는 이름으로 불렸다. 닉은 맡은 악역을 매우 잘 수행했고, 실제로 거의 모든 집단의 성과를 30~40% 정도 떨어뜨렸다. 처음에는 활기 넘쳐서 미팅에 잘 참여하지만 닉이 조용히 피곤한 티를 내거나 책상 위에 엎드리면 나머지 팀원들도 비슷한 반응을 보이며 미팅의 능률을 떨어뜨렸던 것이다. 흥미로운 사실은 나중에 일에 대해 물어보면 겉으로는 아주 그럴 듯한 태도를 보였고, "우리, 아주 잘했어요! 우리는 일을 즐겼어요"라고 대답했다고 한다. 하지만 그들은 프로젝트를 중요하게 여기지도 않았고, 시간과 에너지를 투입할 가치가 없다는 태도로 일관했다.

그런 가운데 딱 한 그룹만 달랐는데, 그것은 바로 아웃라이어 그룹이었다. 이 그룹은 닉의 방해 공작에도 훌륭한 성과를 냈고, 닉의 훼방이 통하지 않았다고 한다. 그것은 딱 한 사람의 역할이 매우 컸는데, 닉이 방해를 할 때마다 그를 무력화하는 방법을 찾아내 사람에게 동기부여를 주고 목표를 향해 매진하도록 만들었다. 그는 닉을 관찰하고 닉이 부정적인 행동을 취할 때마다 즉시 사려 깊고 자상한 태도로 부정의 기운을 차단하고 회의 분위기를 안정적으로 만들었다고 한다. 모든 사람들이 회의 분위기를 안전하게 느낄 수 있도록 만들자 사람들은 마음을 열고 아이디어를 내며 활력을 되찾게 된 것이다.

현실에서도 이런 상황들은 반복된다. 한 사람이 팀을 무너뜨릴 수도 있고, 한 사람이 팀을 살릴 수도 있다. 그래서 적절한 개별 시스템을 통해 각 사업자의 의식 확장과 업무 능력의 평균을 끌어올리는 것이 잘되는 팀의 비법이다. 네트워크 마케팅 사업은 팀의 분위기가 좋아지면 매출이 오르고, 매출이 오르면 분위기가 좋아지고, 다시 매출이 더 오르는 패턴을 반복한다. 즉, 팀이 성과를 내기 위해서는 서로가 하나의 목표를 가지고 원활하게 소통하며 그 목표를 이룰 수 있도록 행동하는 것이 무엇보다 중요하다. 서로가 연결되어 있다는 믿음을 가지고 결과를 만들어 내며 이것이 복제되는 순간 그 팀의 문화가 형성된다.

나는 3년 후에 어디에 있을 것인가?

"왜 공무원을 그만두고 네트워크 마케팅을 선택했어요?" 내가 사람들을 처음 만날 때마다 자주 듣는 질문이다. 내가 네트워크 마케팅 사업을 시작하려고 마음먹은 이유는 시간적 자유를 위해서였다. 평생 출근하고, 나의 젊음과 자유를 담보로 돈을 벌고 싶지는 않았기 때문이다. 서른두 살, 젊다면 젊고 애매하다면 애매한 나이에 나는 새로운 직업에 도전했다. 지금 이렇게 살던 대로 살다가는 나의 젊음은 순식간에 사라지고 '이게 뭐지?'라는 허무함만 남을 것 같았기 때문이다.

나는 진짜 '나'를 찾아보기로 했다. 그 이전의 나는 진짜 내가 아니라 다른 사람들이 나에게 '이렇게 되었으면'하는 모범답안을 연기하고 살아온 것이다. 심지어 누구를 위한 연기였는지도 모르겠다. 지금은 만나지도 않고 기억나지도 않는 사람들을 위해서 직장생활하는 내내 나의 젊음과 청춘을 바친 것이다. 심지어 체력과 열정이 넘쳐나던 때 부자가 될 기회조차 놓치고 있었다는 것이 너무 억울하다.

　새로운 삶을 살고 싶어 가장 먼저 선택한 일은 자기계발서 100권 읽기였다. 누군가에게 조언을 얻고 싶은데, 그때 당시에는 많은 정보가 없었다. 그래서 책을 통해 현명하게 세상을 살아나갈 지혜를 얻고 싶었다. 나는 직업의 특성상 99% 여성들과 일한다. 20대부터 70대까지 세대도 다양하다. 안타까운 점은 그 여성들 중 특히 '엄마'들은 자존감이 낮다는 사실이다. 늘 가족을 위해 양보하고 희생하다 보니 자신은 뒷전에 있었다.

　남인숙 작가의 저서 《여자의 모든 인생은 자존감에서 시작된다》를 살펴보면 '모르는 사람을 사랑할 수는 없다'라는 문구가 나온다. 행복해지기 위해서는 결국 진짜 나를 찾고 알아가는 것이 가장 우선시되어야 한다. 나를 잘 알지도 못한 채 사랑할 수는 없기 때문이다.

　다른 사람들이 나를 어떻게 바라보는가 하는 사실보다 더 중요한 것은 내가 나를 어떻게 바라보느냐 하는 것이다. 예쁘고 안 예쁘고, 키가 크고 작고를 떠나 가진 것에 충분히 만족하고, 많은 것을 경험해보고, 성장하는 삶을 사는 것이 중요하다.

　여자로 태어났다는 이유만으로 엄마들은 마음 써야 할 일들이 너무 많다. 우리 엄마만 해도 육아와 살림, 장사를 하시느라 엄마의 젊은 날들을 모두 희생하셨다. 그때는 그냥 다 그렇게 사는 건가 보다 하고 살아오셨다.

하지만 지금은 다르다. 부자가 되는 방법이 널려 있고, 마음만 먹으면 풍요롭고 여유 있는 삶을 충분히 살 수 있다. 이 세상에 같은 사람은 단 한 명도 없다. 우리는 존재 자체만으로 소중하고 고귀한 존재다. 당신은 이 세상에 오로지 하나밖에 없다. 그만큼 희소성이 뛰어나다는 이야기다.

경제학적인 관점에서 보면 희소성이 뛰어나다는 이야기는 가치가 높다는 이야기다. 가치가 높으면 가격, 즉 교환가치가 높아진다. 가끔 TV에서 보면 이유를 알 수 없지만, 희소성이 뛰어나다는 이유로 어마어마한 가격에 거래되는 경매 물품들을 볼 수 있듯이, 그만큼 우리는 다른 사람이 아닌 내 고유의 가치를 높이는 데 집중해야 한다.

지금 고등학교 3학년 학생들은 무슨 꿈을 꾸며 살아갈까? '수능을 잘 보는 것'이 대한민국 고3 학생들의 꿈 중에서 80% 이상을 차지하지 않을까? 세상을 살다 보면 노래를 잘하는 사람, 그림을 잘 그리는 사람, 말을 잘하는 사람, 청소를 잘하는 사람, 다른 사람을 잘 도와주는 사람, 힘이 센 사람 등 다양한 사람들이 조화롭게 어우러져 사는 것을 볼 수 있다. 그런데 선호하는 대학의 문턱은 좁고, 가려고 하는 사람들이 많으니 수요 공급 법칙에 의해 많은 실패자들이 발생하는 것이다. 시험을 망쳤다고 해서 인생에 실패하는 것도 아닌데 우리 사회는 그런 문화를 조장하고 있는 것 같아 안타까울 뿐이다.

실제로 내 주변의 부자들 중 공부를 잘하고 학력이 높아서 부자가 된 케이스는 드물다. 대부분 가정형편이 어려워 고등학교만 졸업했거나 상업고등학교를 졸업하고 돈을 벌기 위해 사회로 뛰어든 사람들이 많다. 서로 누가누가 많이 힘들었나 내기를 하면 밤을 샐 수 있을 정도로 어려운 환경을 버텨가며 '간절함'으로 자수성가 하신 분들이다. 이들은 지금 시간적, 경제적 자유를 마음껏 누릴 수 있는 부자가 되었다. 부자들은 하나같이 운이 좋았다고 이야기한다. 그리고 기회를 잘 잡았다고 이야기한다. 하지만 많은 사람들은 자신에게 기회가 오지 않는다고 이야기하며 운이 안 따라줬다고 이야기한다. 당신은 어떤 부류의 사람이 되고 싶은가?

많은 사람들이 자신이 잘 안 풀리는 이유를 학력 때문에, 가정형편이 어려워서, 타이밍이 안 좋아서라고 이야기한다. 하지만 생각을 뒤집으면 기회가 된다. 대학을 가지 않았기 때문에 돈 공부를 할 더 많은 시간적 여유가 있었고, 대학 등록금을 투자금으로 사업을 시작할 수도 있었을 것이다. 가정형편이 어려웠기 때문에 가족이라는 큰 동기부여가 있어서 더 열심히 뛸 수 있었을 것이다. 만약 우리가 지금부터라도 목표를 가지고 세부계획을 짜고, 힘들지만 계획대로 밀어붙이고 계속 노력한다면 3년 뒤에는 지금과 다른 위치에 있지 않을까?

목표가 명확하면 선택은 심플해진다. 학력, 가정형편, 운 따위가 당신을 끌어내리게 두지 말라. 그리스 로마 신화에 등장하는 기회의 신 카이

로스는 우스꽝스럽게 생긴 것으로 유명하다. 카이로스의 앞머리 숱은 무성한데, 뒷머리는 대머리다. 그리고 발에는 날개가 달려 있다. '카이로스의 앞머리가 무성한 이유는 사람들이 그를 보았을때 쉽게 붙잡기 위함이고, 뒷머리가 대머리인 이유는 그가 지나가면 붙잡지 못하도록 하기 위함이고, 발에 날개가 달린 이유는 사람들로부터 최대한 빨리 사라지기 위함이다'라는 이야기가 있다. 기회는 눈에 보이지 않아 빠르게 달아난다. 기회는 사라지는 것이 아니다. 당신이 잡지 않은 기회가 에너지가 좋은 다른 사람에게 옮겨가는 것이다.

나는 이것이 바로 '운'이라고 생각한다. 운이 좋은 나는 30대에 네트워크 마케팅 사업을 시작했고, 책을 쓰는 작가가 되었다. 누군가로부터 똑같이 들은 정보를 나는 잡았고, 누군가는 잡지 않았다. 기회를 놓쳐버린 대부분의 사람들은 아직도 비슷한 경제 수준을 유지하거나 더 힘들게 하루 벌어서 하루를 살아가고 있을 것이다.

반면 나는 예전보다 10배가 넘는 월급을 받으며 더 큰 꿈을 위해 나아가려 한다. 내가 처음 리크루팅했던 팀원들에게 했던 약속을 지키기 위해 최선을 다하는 리더가 되려 노력하고 있다. "1년 후에 네 인생이 바뀌어 있을 거야"라고 말하며 함께하자고 했던 사람들과 끝까지 행복하고 싶은 게 나의 진심이다. 누군가의 인생을 바꾸는 일만큼 어렵고 조심스러운 것이 있을까? 나는 나와 함께해준 파트너들과 그들 가족들의 인생이 행복하기를 바란다.

더 이상 누구도 경제적으로 어렵지 않고, 열심히 노력한다면 노동하지 않고 평균 이상의 삶을 살게 해주고 싶다. 이런 소소한 나의 바람들이 조금씩 이루어져가고 있다. 소고기를 먹을 때 망설이며 공부하는 아이들만 사줘야 했던 엄마들이 이제는 멋지게 가족 외식을 책임질 수 있는 경제력을 갖게 되었다. "엄마, 나만 노트 쓰고 다른 애들은 다 패드써"라고 말하는 딸에게 당당하게 가지고 싶은 최신 기기를 사줄 수 있는 멋진 엄마가 되었다. 10년이 넘게 같은 침대를 쓰고 계시는 시부모님께 편안한 침대를 바꿔드릴 수 있는 며느리가 되었다. 주름이 생겨버린 엄마의 미모를 되찾아드릴 수 있게 마음껏 좋은 화장품을 선물해드릴 수 있는 능력 있는 딸이 되었다.

남들이 뭐라고 하든 신경 쓰지 말자. 지금 당신 옆에 있는 사람이 당신의 인생을 책임져주지 않는다. 기억해라! 내 인생을 바꿀 수 있는 사람은 오직 나뿐이다. 멀리서 찾지 말고 내가 바꿀 수 있는 것부터, 내가 가진 생각부터 비워내고, 새로운 생각으로 바꿔나가야 한다. 3년 후 나는 시간적 자유, 경제적 자유, 그리고 전 세계 어디에서나 즐겁게 일할 수 있는 공간적 자유까지 갖게 될 것이다. 자, 이제 당신 차례다!

나는 101세에도 현역 부자다

요즘 유행하는 '파이어족'이라는 말을 들어본 적이 있는가? 파이어족은 30~40대에 평생 쓸 돈을 모아서 직장이나 일에서 조기 은퇴를 하려는 사람들을 말한다. 요즘은 평생 직장생활을 하는 것보다 자신이 좋아하는 일을 하면서 자유롭게 사는 삶을 추구한다. 게다가 노후대책에 대한 관심 연령도 무척 낮아졌다. 사실 노후대책은 할 수만 있다면 한 살이라도 젊을 때 준비하는 것이 가장 좋다. 하지만 월급 빼고 다 오르는 시대에 노후대책은 너무나 먼 이야기처럼 느껴진다.

아마 재테크에 관심 있는 사람들의 궁극적인 목표는 모두가 꿈꾸는 건물주처럼 내가 일하지 않아도 현금 흐름을 만들 수 있는 연금성 소득 시스템을 만드는 것이다. 그래서인지 요즘은 과거처럼 회사에서 정년까지 근무해야 한다는 인식이 많이 바뀌고 있다. 사이드잡으로 어떻게 돈을 벌지에 관해 고민하는 사람들도 늘어나고 있다. 그래서 겸직으로 할 수 있는 주식이나 코인 금융상품에 쉽게 발을 들여놓지만, 나처럼 금융지식이 없는 평범한 사람들은 생각처럼 안정적인 수익을 기대하기 힘들다. 만약, 본업을 하면서도 시간을 투자해서 안정적인 연금성 소득을 만들 수 있다면 어떨까?

연금성 소득 만들기 1단계는 바로 월급을 포함해 매월 수익을 조금씩이라도 늘려가는 것이다. 승진을 해서 연봉을 올리거나 근무시간 이외에 부업으로 추가소득을 창출해야 한다. 이 단계에서는 내 시간과 노동력을 수입과 바꾸는 일을 해야만 한다. 조금이라도 노동을 덜 하기위해 스마트 스토어나 유튜브, 블로그, 아르바이트를 찾는 사람이 많지만 이마저도 잠을 줄이고 시간을 쏟아부어야 하고, 안정화되어 수익이창출되기까지는 많은 시간이 걸린다.

이렇게 개미처럼 차곡차곡 현금을 모아 부동산에 투자하는 것이 2단계다. 하지만 잘 알지 못하면 큰돈이 묶여버리고 은행 대출 이자를 감당하지 못해 골머리를 썩는 경우가 많다. 그리고 감가상각 때문에 팔리지 않아 공실이 발생하고, 세금 때문에 발을 동동 거리는 사람들도 많이보았다. 직장생활을 하는 내 친구들은 벌써 경력이 10년은 훌쩍 넘은데다가 직장에서도 꽤 높은 위치를 차지하고 있는 경우가 많다. 하지만여름휴가를 제외하고는 시간을 자유롭게 쓰는 것은 힘들어 보인다. 커피 한잔하고 싶어도 퇴근하고 귀가하는 것만으로도 하루가 모자랄 지경이다.

나는 일 년에 한두 번 만나서 얼굴 보며 같이 식사도 하고, 차도 마시며 수다를 떠는 친구들 모임이 있다. 그 친구들의 평균 연령은 70세다. 젊으셨을 때 공직에 계시다가 지금은 퇴직해서 노후를 보내고 계시는 선생님들 모임이다. 다행히 다들 노후준비를 잘하셔서 편안한 노후를 보내고 계신다. 호적 나이만 많을 뿐 무슨 일이든지 해내실것 같은 열정과 지식을 가지신 분들이다. 하지만 사회에서 노인들이 설 자리는 많지 않다. 어른들은 돈의 액수에 상관없이 '일하는 재미'를 다시 느끼고 싶어 하신다. "청춘은 나이가 아니라 마음가짐에 있다"고 미국의 시인 새뮤얼 울먼(Samuel Ullman)이 말했다. 비록 신체적인 나이는 먹어가지만 두려움을 물리치는 용기만 있다면 여전히 당신은 청춘인 것이다.

미국에는 그의 동상만 보아도 누구지 알 만한 한 남자가 있다. 그는 40세에 독자적인 닭 요리법을 개발해서 경영하던 사업이 실패해 51세에 무일푼이 되었다. 1,008번의 거절 끝에 1,009번째 후원을 받으며 65세에 우리 모두가 아는 '켄터키 프라이드치킨'을 탄생시켰다. 그는 바로 전 세계인에게 사랑받는 KFC를 창시한 커넬 할랜드 샌더스(Colonel Harland Sanders)다. 그의 이력을 보면 누가 봐도 쉽지 않은 인생을 살아왔다. 보통 사람들은 한두 번만 거절을 당해도 마음이 힘들 텐데 1,008번의 거절이라니! 그의 인생은 계속된 도전의 연속이었다. 51세에 레스토랑을 시작했지만 그 레스토랑은 1년 만에 파산하고 말았다. 수없이 실패했지만 그는 자신의 레시피에 확신을 가지고 포기하지 않았다. 그의 끊임없는 도전 비결은 무엇일까? 그는 수많은 좌절과 거절을 겪으면서도 포기하지 않고 실패를 극복해야 성공에 가까워질 수 있다는 사실을 알게 된 것이다.

　우리나라는 2025년에 UN이 정한 '초고령사회'에 진입한다. 즉, 국내 인구 5명 중 1명이 65세 이상인 나라다. 노후문제는 이미 우리 사회에서 큰 비중을 차지하는 사회문제. 우리가 살아가야 할 미래는 은퇴나 정년이 없는, 평생 일해야만 하는 사회다. 실제로 60대에 은퇴가 아니라 80세에 은퇴를 하고 20년간 노후를 보내야 하는 상황이 온 것이다. 하지만 80세까지 일을 해야 한다는 사실을 받아들이기가 쉽지 않다. 60~65세부터 일하지 않고 여유로운 노후생활을 할 수 있는 사람들이 몇 명이나 될까? 막막한 노후가 아닌, 즐겁고 행복한 시간이 기다려지는 노후가 되기 위해서는 경제생활을 하고 있을 때 철저한 준비를 해야 한다. 경제적인 준비를 비롯해 비 경제적인 부분도 함께 준비하는 것이 필요하다.

　정재완 작가의 《행복한 노후 매뉴얼》에 따르면 100세 시대에 필요한 준비는 3가지로 나뉜다. 첫째는 나이가 들어서도 계속 일을 만들어주는 자신으로 지식과 기술, 인맥, 그리고 평판이다. 노후에도 계속 일을 하려면 사회가 요구하는 새로운 지식 및 기술 습득과 경험을 쌓아가며 수준 높은 관계를 통한 다양한 네트워크를 구축해야 한다. 그리고 성실함과 성과를 내는 것은 기본이다. 둘째는 일과 삶의 균형을 통해 신체적으로나 정신적으로나 행복을 유지하는 것이다. 규칙적인 운동과 건강한 식습관을 통해 신체를 건강하게 유지함으로써 젊은 에너지를 유지할 수 있다. 셋째는 빠르게 변화하는 환경에 유연하게 적응할 수 있는 건강한 자기 인식과 삶에 대한 유연한 태도다.

'재수 없으면 100세까지 산다'라는 우스갯소리가 있는 것처럼 철저한 계획과 준비가 없는 노후는 재앙이다. 나는 내 노후대책으로 바로 네트워크 마케팅 사업을 선택했다. 은퇴 후 삶이 길어질수록 직장생활에서 모은 돈만으로는 생활을 감당하기 힘들다고 판단했기 때문이다. 젊은 나이에 조직을 구축해서 연금성 소득을 만들어놓는다면 나이가 들어서도 훨씬 수준 높은 생활을 유지할 수 있기 때문이다. 게다가 퇴직 이후에도 일을 놓지 않고 할 수 있다는 것 또한 나에게는 엄청난 장점으로 다가왔다. 나는 일을 통해 성취감을 느끼고, 다른 사람들을 도우며 보람을 느끼기 때문이다.

나이가 들어서도 퇴직하고 싶지 않고, 평생 일하고 싶은 것이 내 목표이자 꿈이다. 나 같은 사람에게 정년이 없다는 것은 엄청난 매력으로 다가왔다. 실제로 퇴직하고 직함이 없어지자 갈 곳을 잃고, 갑자기 늙어버리신 분들을 많이 봐왔다. 존재에 대한 확신과 사회에서의 인정이 얼마나 중요한지 깨닫는 계기가 되었다. 아르바이트를 하더라도 누군가에 의해 고용되고 해고되는 과정을 겪는 것 또한 몹시 힘든 일이기 때문이다. 일을 통해 비슷한 가치관을 가진 사람들과 교류하고, 그 과정에서 행복함을 느끼는 것도 노후에 엄청난 즐거움이 된다.

나는 네트워크 마케팅 사업을 통해서 나의 가치를 높이고, 더불어 60세 이후의 노후대책까지 진행 중이다. 매달 목표 급여를 상향함으로써 저축 여력을 높이고, 투자 가치를 높여가고 있다. 매달의 급여를 내가 결정할 수 있다는 것도 네트워크 마케팅 사업의 큰 장점이다.

조직사업은 보이지 않는 건물과 같다. 빈틈없이 튼튼한 네트를 구축해놓으면 시간이 지날수록 더욱 단단한 건물이 된다. 처음에는 다른 세상 이야기인 줄로만 알았던 네트워크 마케팅 사업이 지금은 세상에서 가장 쉬운 일이 되어버렸다. 네트워크 마케팅 사업은 하나씩 배워가고 성장하는 과정, 미래를 꿈꾸는 과정에서 성취감과 보람을 느끼는 일이다. 큰 자본금이 들지 않아 부담이 적고, 자신의 능력에 따라 수입에 한계가 없는 합리적인 사업이자 저축이자 투자다.

나폴레온 힐은 "인생의 어느 시점에 이르면 미루는 습관을 극복해야 한다"고 말했다. 그의 말처럼 삶에서 한 번쯤은 큰 기회를 놓치지 않기 위해, 그리고 인생을 바꾸는 결정적인 변화를 만들기 위해 미루지 말고 결단해야 하는 순간이 있다. 네트워크 마케팅 사업을 시작해보려고 생각하는 모든 분들께 강력히 드리고 싶은 말은 "지금 시작해도 늦지 않다"는 것이다. 자신의 열정과 능력에 따라 역전이 가능한 것이 바로 네트워크 마케팅 사업이기 때문이다. 이제 경제 흐름이 바뀌고 있고, 앞으로 네트워크 마케팅 사업은 더욱 커지고 상식적인 사업이 될 것이다. 우리를 현대판 노예에서 탈출시켜주고, 인생을 풍요롭고 즐겁게 해주며 노후까지 든든하게 책임져줄 사업은 네트워크 마케팅 사업밖에 없다고 생각한다.

100세 시대, 투자한 시간과 노력을 배신하지 않는 정직한 비즈니스를 통해 평범한 사람이 상상도 하지 못할 부를 축적하고, 함께한 사람들과의 교류를 통해 자신의 진정한 가치와 행복을 찾아주는 비즈니스, 네트워크 마케팅 사업의 길을 당신과 함께하고 싶다. 가장 높고, 빛나는 정상에서 만나길 바란다.

모든 여자들이 원하는 꿈의 직업으로
'당당한 여자'가 되자

여자들은 어릴 적 한 번쯤은 신데렐라나 백설공주 동화를 읽으며 자란다. 자신의 꿈을 펼치기보다 멋진 왕자를 기다리며 나를 행복하게 해주기를 꿈꾸며 살아간다. 나 역시 내가 무엇을 원하고 내가 어떤 사람인지를 연구하기보다 세상에 인정받기 위해 무엇을 해야 하고, 어떤 사람이 되어야 하는지에 집중하며 살아왔다. 하지만 그렇게 살아온 나의 20~30대는 행복하지 않았다. 시간이 갈수록 나를 잃어버린 느낌이 들었다. 아무리 열심히 노력해도 올라가야 할 곳은 더욱 높아져만 갔다. 평범한 외모에 평범한 집안에서 자라 평범한 교육과정을 이수하며 살아온 내가 성공하기 위해 선택할 수 있는 옵션은 많지 않았다.

이 책은 나처럼 평범한 사람들을 위해 쓰였다. 잘 살아보고 싶지만 멘토 없이 어떻게 해야 할지 갈 길을 잃고 막막해 하는 사람들을 위한 책이다. 그들에게 용기를 주고 싶었다. 나도 해냈으니 당신도 충분히 할수 있다고 말이다. 네트워크 마케팅 사업으로 유리천장 없이 큰 소득을 벌 수도 있지만, 짬나는 시간을 잘 활용하면 지금 하는 일을 유지하면서 충분히 추가 소득을 벌어들일 수도 있다. 그 돈으로 다른 사람의 시간을 사고 내가 해야 할 일들을 위탁할 수도 있다. 그래서 그 시간을 온전히 내가 좋아하는 일들을 하며 보낼 수 있고, 조금씩 인생이 충만해짐을 느낄 수 있다.

예뻐지고 돈도 벌 수 있는 일. 진짜 나를 찾아가며 자존감도 높일 수있는 일. 네트워크 마케팅 사업은 회사만 잘 선택한다면 모든 여자들의 꿈의 직업이 될 수 있다. 서로 만나서 즐겁게 예뻐지는 이야기를 하며 서로의 고민도 상담해줄 수 있다. 친구와 가족과 함께 더 잘살 수 있는 수다를 떨면서도 충분히 결과를 만들어낼 수 있다.

나는 직업 특성상 많은 여성들을 만난다. 안타까운 점은 대부분의 여성들이 자신이 돈을 버는 능력이나 경력이 부족하다고 느낀다는 것이다. 그뿐만 아니라 자신들 자체를 남자보다 못한 존재로 여기거나 다른 사람들보다 부족하다고 생각한다.

나는 여성들이 경제적으로 자립할 수 있도록 도움을 주고 싶은 마음이 크다. 직업을 갖는다는 것은 친구를 만나거나 데이트를 하는 것 이상으로 큰 만족감과 행복을 가져다준다. 하지만 아직까지 '엄마'가 최고의 직업이라고 생각하는 여성들이 많다. 자신의 경력과 꿈을 이루는 것은 나중 문제고 당장 오늘 누군가의 아내로 누군가의 엄마로서의 역할이 다른 무엇보다도 최고 우선순위다. 그런데 아빠들은 그렇지 않다. 남자들은 사회에서 성공하는 것이 우선순위고, 자신이 다른 사람들보다 더 유명해지고 더 많은 돈을 버는 것이 목표인 경우가 대부분이다.

나는 왜 여자들도 자기의 꿈을 위해 시간을 사용하지 않는지 너무 궁금했다. 그래서 사업을 하는 데 있어 주춤하는 파트너에게 "왜 더 열심히 일하지 않느냐?"고 질문한 적이 있다. 그녀는 사회에서 여자가 성공하는 것은 결코 쉽지 않으며 당장 먹고살기가 힘들어 미래를 생각할 겨를은 없다고 말했다. 그러고는 "어떻게든 되겠죠"라는 대답을 남기고 떠났다. 같은 여자로서 몹시 안타까웠다. 자신의 미래에 대해 아무 생각이 없는 사람의 미래가 아름다울 리 없기 때문이다.

얼마 전 크루즈 여행을 다녀왔다. 입국심사도 자동화 시스템으로 기계가 대신하고, 로봇이 커피와 칵테일을 만들어주었다. 청소도 당연히 무인 기계가 하고 있었다. 지금은 이런 시대다. 휴대폰으로 모든 일을 할 수 있고, 손가락 하나로도 돈을 벌 수 있는 시대다. 나이를 불문하고 결혼 여부를 불문하고 경제력이 없는 사람들은 엄청난 리스크를 안고 사는 것과 같다.

나는 가슴에 꿈틀대는 꿈이 있고, 하고 싶은 것이 많고, 사고 싶은 것이 많은 여자들에게 네트워크 마케팅 사업을 강력하게 추천한다. 목표에만 집중하고 자신의 꿈을 위해 달려간다면 못해낼 것도 없지 않은가! 다시 한번 멋지게 자신의 전성기를 누릴 수 있다. 누군가에게 의지하는 삶이 아닌 자신의 경력과 노하우를 활용해 멋지게 경제활동을 하고, 커리어를 쌓아가는 삶을 누려보길 바란다.

마지막으로 탈고하며 내가 쓴 글을 다시 읽어보았다. 네트워크 마케팅 사업을 망설이는 사람들에게 용기를 주고 싶어서 썼는데, 결국 이 책은 과거의 나에게 하는 이야기였다. '내가 맞다'라는 고집을 버리고 '평범한 사람도 부자가 될 수 있다'는 말을 믿고 도전해보라는 메시지를 전하고 싶었나 보다. 빠르게 선택하고, 노력하고, 결과에 책임지는 삶을 살아간다면 몇 년 뒤 당신도 멋진 여성이 되어 있을 것이다.

이 책이 세상에 나올 수 있도록 나를 성장시켜준 백수환 상무님과 뉴에라 그룹 팀원들께 다시 한번 감사의 인사를 전하고 싶다. 든든하게 버팀목이 되어준 가족들과 멋진 어른으로 롤모델이 되어주신 김태광, 권동희 대표님 부부, 그리고 내 정신적 뿌리가 되어주신 박우섭 대표님께 감사 인사를 전한다.

나는 건물 없이 월 2,000만 원 번다

제1판 1쇄 2022년 9월 8일

지은이 이혜정
펴낸이 서정희 **펴낸곳** 매경출판(주)
기획제작 ㈜두드림미디어
책임편집 우민정 **디자인** 얼앤똘비악earl_tolbiac@naver.com
마케팅 김익겸, 한동우, 장하라

매경출판㈜
등록 2003년 4월 24일(No. 2-3759)
주소 (04557) 서울시 중구 충무로 2(필동1가) 매일경제 별관 2층 매경출판㈜
홈페이지 www.mkbook.co.kr
전화 02)333-3577
이메일 dodreamedia@naver.com(원고 투고 및 출판 관련 문의)
인쇄·제본 ㈜M-print 031)8071-0961
ISBN 979-11-6484-458-6 (03320)